赵启正与奈斯比特夫妇在北京共话“中国模式”（2009年8月29日）

赵启正与身着“皇袍”的奈斯比特夫妇（2009年8月31日）

做客中国网“中国访谈”节目（2009年9月2日）

与中国人民大学学生交流（2010年3月9日）

一家人在中国佛教圣地五台山（2007年8月4日）

“博导”赵启正在南开大学与他的区域经济学博士生在一起（2004年6月30日）

中国人民大学新闻学院院长赵启正与毕业生们交谈（2007年6月18日）

全国政协新闻发言人赵启正在接受记者们采访（2010年3月2日）

在北京国际书展上与美国著名宗教领袖路易·帕罗一起参加《江边对话》中、英文版首发式（2006年8月31日）

与联合国秘书长安南一起参加“中华文化美国行”的中国民族音乐会（2000年8月24日）

在纽约接受美国CBS前主持人唐·诺泽采访（2008年2月21日）

在纽约与美国第56任国务卿亨利·基辛格（右）及第60任国务卿乔治·舒尔茨（左）在一起（2006年6月17日）

在天津参加中国经济社会理事会与欧盟经济社会委员会圆桌会议第五次会议（2009年5月18日）

在东京与日本前首相桥本龙太郎一起参观“和平友好，共创繁荣——中日两国人民友好画卷”大型图片展（2005年7月28日）

与儿孙们在一起（2009年6月）

奈斯比特在工作（2009年2月）

奈斯比特的书房（2009年春）

奈斯比特夫妇在贝尔格莱德大趋势大学专机前（2009年8月）

在天津奈斯比特中国研究院（2009年6月）

奈斯比特在德国法兰克福书展上发表讲话（2009年10月）

在奥地利度假（2009年夏）

在天津财经大学接受采访
（2009年6月）

奈斯比特在拉萨哲蚌寺与僧人在一起
（2009年9月）

参观西藏的一所小学
（2009年9月）

（中）赵启正　（美）约翰·奈斯比特　（奥）多丽丝·奈斯比特

对话中国模式

DIALOGUE THE CHINA MODEL

新世界出版社
NEW WORLD PRESS

我确信我们真诚的对话是一次十分成功的公共外交。

赵启正

亲爱的中国读者：

希望本书有助于构建中西之间的桥梁。

多丽丝·奈斯比特

约翰·奈斯比特

鸣 谢

由于本书是在现场五次对话的基础上进行整理加工，先后以中英文版的形式出版的，双方作者之间的沟通及出版的事务是极其复杂的。本书从最初的创意到最后的出版，得到了方方面面的朋友和单位的大力协助。首先我们要感谢国务院新闻办公室三局的副局长吴伟女士，没有她的最初构想和全程支持，就不可能有此书的面世；感谢中国外文局局长周明伟先生和副局长兼总编辑黄友义先生，他们为本书话题的设置贡献了不少精彩的点子；感谢《中国日报》前主编朱英璜先生对英文版的审定；感谢对话的现场翻译张洪斌先生，他的准确表达为双方作者搭建了沟通的桥梁；感谢许靖国博士和张海花女士，他们为双方作者的联络与协调做了许多工作；感谢梁婷婷博士和王更喜博士对本书对话部分的校核；感谢“桥艺术中心”慷慨地为对话提供了精心布置的场地；感谢新世界出版社副总编辑张海鸥领导下的编辑团队，他们为本书的出版付出了大量的心血。

赵启正

约翰·奈斯比特

多丽丝·奈斯比特

序 一

赵启正

我是由上个世纪80年代初的《大趋势》“认识”奈斯比特先生的。迟至2000年，我才在北京幸会了奈斯比特先生和他的极富才智的夫人多丽丝。2009年5月，他们在写作《中国大趋势》时，曾把他们提出的“中国新社会的八大支柱”的构思告诉我，并真诚地请我提意见。他们作为美国人和欧洲人（多丽丝是说德语的奥地利人），以他们的文化背景，从海量的、杂乱无章和充斥着矛盾的关于中国的信息中提炼出了这八大支柱，让我不仅顿感惊异，而且颇为钦佩。我若在瞬间提出意见，不仅是鲁莽的，而且担心因为掺入了我的中国式观点，会影响他们非中国式的表述。于是，我表示，这八大支柱中国人是能理解的，也符合中国实行改革开放政策30年来发展的事实，事实是他们的写作——更准确地说是研究（社会科学领域的研究）的基础。

中国实行改革开放30年以来的理念、政策、实践和结果被称为“中国道路”、“中国模式”或“中国案例”，然而，通过世界各种媒体所呈现的中国差异极大。西方媒体说，在十字路口的中国有多种前景：不成熟的中国、动乱的中国、经济强大但傲慢的中国。观察同一个中国，其结论竟然是多样的中国。

我和奈斯比特夫妇讨论了观察中国的困难和观察中国的方法。我们认可中国是一辆疾驶的列车，列车不仅很长——有30多个省市，而且乘客很多——56个民族的13亿人。站在路边，甚至站在万里之外观察列车，看不清楚运动中的列车的外形，更看不清楚车内的情况，于是描述不准的情况在所难免，遑论较准确地评论。奈斯比特夫妇是在中国列车上考察中国的少数西方作家之一（另一位令中国人印象深刻的作家是罗伯特·劳伦斯·库恩博士，他提出了中国改革的指导性的四原则，也是一种新鲜的角度）。我们三人在对话中讨论了这样一个问题：即使在中国列车上考察中国也非易事，面对中国34个省级行政区发展的不平衡、13亿人口的贫富不均、各地区地缘文化的差异，要想认识到中国的本质究竟该用怎样的方法。

多丽丝问了我一个近乎哲学性的问题（我一向认为以德语为母语的人往往擅长哲学思考）：表述中国的社会制度能不能像表述西方社会制度那样的简明？我承认，表述中国社会制度的确需用较多的语句，其理由是：西方社会制度已经有近200年的历史，而中国的社会主义制度只有60余年，实行改革开放甚至只有30余年的历史，因此，解释中国就不得不说较长的话。但我相信再过30年或50年，当中国的事情也为全球所熟悉时，就有可能像多丽丝所希望的那样用较简明的语言去描述了。我也相信，中国列车的轨道是和平发展的轨道，中国在建设和谐社会的过程中也会对世界的和谐有所贡献。

在三人的深入讨论中，我表达了这样的观点：中国虽然在较短的时间内取得了世界瞩目的进步，但是“中国模式”尚处于现在进行时，中国目前所处的中国特色的社会主义初级阶段还需要继续在长时期的实践中完善。人们也需要注意到世界上对“中国模式”有着许多不同、甚至相差很大的定义和解释，并不存在同一的“共识”。有的发展中国家，愿意研究中国发展的这一“案例”，即“实际的过程”，参考中国改革开放的某些做法，正如中国愿意参考其他国家的经济社会发展的某些做法一样，在全球化的浪潮下，这是自然而然的事情。中国并没有输出“模式”的任何打算，输出“模式”违反了中国一向坚持的制定政策必须与本国国情相结合的哲学，中国应当如此，其他发展中国家亦然。

我很珍惜我们三人对话的机会，在五个半天的最坦诚的，并且是跨语言的，更是跨文化的交流中，我获益良多。如果中外读者也能由这本简明的书得到认识中国的某些帮助，那将是我们的荣幸。

序 二

约翰·奈斯比特

多丽丝·奈斯比特

我们一起所作的第一次重要访问就是来中国，那是2000年，这次访问的亮点之一就是应邀会见国务院新闻办的赵启正部长。那是一次很愉快的会面，我们还见到了其他几位副部长。会谈进行得很顺利。我们主要谈了如何向世界讲述中国故事，深感西方人广泛对中国真实国情的无知。从这次会面开始，我们夫妻俩与赵部长建立了深厚的友谊。

十年之后我们再一次见面，谈论我们曾经目睹的、赵部长曾经参与的一些变化，以及中国在这些年里所取得的进步。但是，我们也谈论了中国的不足之处、她的问题和挑战。最后，我们还谈到了西方对于真实的中国仍然所知甚少，因而产生了这次对话的想法。我们很高兴能在几天的时间里和赵部长一起就中国的过去、现在和将来进行坦率的、无约束的讨论。

这就是现在呈现在您面前的这本对话集的由来。

在正文开始之前，有必要交代一下我们在对话中所提到的历史背景。

200多年前美利坚合众国为现代民主打下了基础，美国的制度历经时日已成为所谓“西方”的大多数国家的模式。这个新的社会/经济制度把民主和资本主义结合在一起，帮助西方急速发展，把直至19世纪时占全世界GDP 50%的印度和中国远远抛在后面。

20世纪初期，另一个模式似乎在崛起：马克思和恩格斯无阶级社会的理论作为一个完全不同于西方民主模式的选择在苏联得以实施。共产主义应该成为社会主义者的选择来替代资本主义；如同西方曾经仿效美国模式那样，世界其他国家则追随共产主义苏维埃的模式。俱往矣，苏联解体，许多共产主义国家都彻底转向，拥抱西方的民主和资本主义。

面对无阶级社会的不切实际以及苏联的崩溃，美国和欧洲成为世界经济的指导者，美国则成为所剩的唯一的超级大国。对于任何想要参与塑造21世纪的国家，西方的价值观被宣称为终极的、普适的模型。

在新世纪最初的10年里，在预感到西方严重危机的同时，以前主宰世界的那些国家逐渐注意到中国持续增长经济的能力。这是中国通过创建自己的模式——新的社会经济体制得以实现的。我们将这个模式称作“纵向民主”。

西方将“民主”一词与中国联系在一起的人不多。但是，即使是西方民主也不符合古希腊的民主模式的标准。对于希腊人而言，“民主”（“人民”和“统治”）的字面意义是“人民的统治”。

纵观希腊之后的众多世纪，我们发现，“人民的统治”能够以不同的方式创建。想象一下今天任何一种西方式的民主政体，在那里统治的合法性就是赢得选举。但不幸的是，在许多国家，尤其是在今天的美国，成功之道看起来越发像是把竞选对手竭尽所能地贬为治国无术之徒，而不是拿出更好的施政方案。彼此不是为了共同的目标携手工作，而是相互之间敌视、围堵，其做法日益左右西方的政治格局，并使其功效日渐衰减。

与此同时，在中国，“人民的统治”是一项不断进展的工作，它始于30多年前急剧的发展方向大转变：毛泽东的理想主义被邓小平务实的现实主义所取代。

邓小平号召“解放思想”是整个过程开始的第一步，自那以后，基于自上而下、自下而上的力量的动态作用之上的政治结构便得以发展。西方许多人难以相信在中国能够存在什么民主形式，因为没有多少人意识到自下而上的力量以及它在体制内所具备的日益增长的影响力。

邓小平开始了中国政策的大规模试验，鼓励企业家创业，创立经济特区，并用成功的私人企业取代濒临破产的国有企业。外国资本开始流入中国，起先是在中央政府的直接监管下，随后监管慢慢地放松，直到最近的2009年，各个省和公司不用通过北京，而是可以直接与外国和外国企业开展长期的、自下而上的业务往来已被中央政府写入法律。今天，中国经济中有70%是私营成分，这一点连西方都感到意外。

尽管皈依了市场经济，中国的领导层仍然坚持共产主义旗帜，中国共产党在治理国家方面坚持其领导和控制——但是，在过去的30年里，领导和控制所体现的观念已经根本改变。中国已从自上而下的专政政体转变为切实的一党领导、有着强大的自下而上的群众参与、一个纵向组织起来的民主社会，并在制定和执行决策方面变得越来越透明。

过去两年里，在天津财经大学奈斯比特中国研究院，我们的28位研究人员采用了我们上个世纪80年代初在美国运用过的媒体监测的方法——那一方法促成了《大趋势》一书在1982年的出版。他们的研究发现了整个中国在知识、艺术、政治和社会生活方面所出现的非常积极的现象，这些都在地方报纸中得到了自由的报道。在中国，地方报纸成为群英会式的献策论坛，报道各种好点子，用来改善人民的生活质量、根治腐败以及遏制那些可能损害公众利益的势力。

“摸着石头过河”已经成为中国的战略。在这一过程中，中央政府宣布新的倡议，鼓励在各级政府和私营企业进行竞争性试验。省长和地方市长以及私营企业家都在节能、新市场开发、社会发展、医保，或者其他能够对中国的发展作出贡献的领域竞相拿出最新的招数。中央政府进行监测评估，根据成功的案例制定政策，向全国推广。这一由上而下、由下而上的过程不仅愈来愈多地应用于经济问题，而且也愈来愈多地应用于社会、文化甚至政治等领域。经济结构和政治结构已起了变化，人民开始享受前所未有的自由发展空间。他们可以确定自己所起的作用和所要作出的贡献。

中国的自上而下、自下而上的纵向民主模式始于经济领域，但是我们已看到它现在如何被运用到司法改革、社会经济发展、社会福利制度、卫生保健、艺术表现、建筑以及其他许多日常生活领域。在这一持续不断的民主化进程中，乡村干部选举正在中国80万个乡村举行。我们在上次西藏之旅中曾经问一个老农民："你们是如何选举乡村干部的?"他说："我们挑选他。"我们又问他："怎么样挑选?"他说："像这样——"他比划着把选票投入选票箱的动作。"如果他干得糟糕怎么办?""那我们就得开除他，再试第二个。"他咧着嘴笑着说。

1981年，中国的一些西方经济学家预测中国至少要用100年的时间才能摆脱贫穷。30年之后，中国已经成为世界第二大经济体。中国领导层以自己的方式所取得的成就已经得到"人民的统治"89%的认可（根据美国民意调查机构Pew的数据），在Pew调查的其他任何民主政体里都没有可与此匹敌的数据。不管在前进的道路上有着怎样的坎坷，中国在维持稳定与和谐的同时也得益于多样化。

中国立足于她自己的历史、价值观和需求，正在塑造一个纵向民主的政体。她将在多大程度上与西方的民主观念一致？这一问题只会使西方烦恼不已。中国有她自己的目标和梦想，如何实现？她的人民将会做出决定。

CONTENTS 目 录

对中国的不解、误解和偏见，不利于我国，也不利于这些国家自身，因为偏见会使他们的对华政策随之产生严重偏差。可以说，正确认识中国这个有13亿人口的最大的发展中国家，事关他们的重大利益，也是世界和谐的必要因素。中国对外交流中力推“和”文化，“和谐”、“和善”、“祥和”，将是中国的符号表征。推广这样一个理念，公共外交有“随风潜入夜，润物细无声”之功。

——赵启正

许多西方人多少都会对中国心存一些偏见。西方人对中国有一种印象，就像中国人对西方国家也有一定的印象。通常，在这两种印象之间没有任何理解和沟通的桥梁。但是，西方人最不好的一种观念是，他们认为自己有权力来为全世界制定价值观，却低估了中国人的想法。另一方面，中国在和西方沟通时也有一些错误的做法。因为西方人的表达和理解方式不同于中国人，所以常常会发生一方说的是一回事，而另一方却将之理解为另一回事的情形。我们很高兴这本书可以为减少中西之间的误解作出一些贡献。

——约翰·奈斯比特　多丽丝·奈斯比特

第一部分

关于中国模式

虽然我们是少数，但是我们行驶的方向是正确的

对中国的观察，西方的企业家往往比政治家更客观

速度与稳定之间要有一个微妙的平衡

中国应主动及时地向西方记者提供充分的信息

如何理解「中国模式」

赵启正（以下简称赵）：很高兴又一次在北京见到你们。祝贺你们的新作的中文版[①]和德文版出版。

奈斯比特夫妇：谢谢！

赵：阅读你们的书，使我想到了一个问题。你们通过大量的调查研究和独特的分析方法，提出了对中国的见解。现在，世界各地的媒体每天都在谈论中国，但是，他们当中的大多数人没有像你们这样下工夫，他们对中国的评价许多是肤浅的和混乱的，自然引起了读者的困惑。

约翰·奈斯比特（以下简称奈）：是的，的确如此。大多数西方记者根据他们自己的意见和倾向，根据西方历史和西方文化来评判中国。这是一种来自中国外部，而不是内部的观点。

赵：我们希望能看到更符合实际情况的报道。至于评论，那是由作者的立场决定的。

多丽丝·奈斯比特（以下简称多）：西方期盼有关中国的采访报道更加开放、更加自由。

赵：西方记者怎样理解中国的开放和自由，有跨文化和跨意识形态的困难。西方记者在中国的工作条件年年都有改善，他们应当感觉得到。

奈：每一方都有自己的观点。中国不能改变西方记者针对中国而写的东西，但中国能够改进与西方媒体的交往。

赵：当然从我们这方面来讲，在与西方媒体交往时也会遇到文

---

① 指《中国大趋势》，约翰·奈斯比特、多丽丝·奈斯比特著，中华工商联合出版社2009年9月版。

化差异的障碍。你们二位对中国的观察之深入是可称赞的，调研方法是周密的，态度是积极的。对于你们这本新书，你们期望的反馈是什么？

奈：我们期待《中国大趋势》能吸引公众的注意。西方认为中国只有采纳西方的民主模式才能持续发展。这是他们的侧重点。中国符合西方的价值观和标准究竟有多少？我们所讲的中国故事以前在西方是闻所未闻的。如果西方不欢迎它，我们不会感到惊讶。

赵：我预计想要了解中国的西方读者会欢迎它，也会或多或少同意书中的观点。但是在政界和传媒界，就会有人不接受它的观点。一向的思维习惯是不容易改变的。

虽然我们是少数，但是我们行驶的方向是正确的

多：我想我们将面临两种反应。一种是很好的反应，比如说我们最近在芬兰听到的一些反应。记者在采访结束后对我们说："我以前怎么不知道这些情况？我怎么一直没有听到过所有的这一切呢？怎么就没有人在你们之前讲述这些呢？"瞧，这是积极的反应。另一种反应就大为不同了。

我和约翰认为它更像一则在奥地利众所周知的笑话。说的是一个司机驶进了高速公路，驾车走了一会儿后，收音机里广播了一则警告："4 号向西高速公路，方向维也纳，小心有一个幽灵司机。"

奈：幽灵司机是驾车逆向行驶的司机。

多：对，所以收音机里的声音大叫："大家一定要注意，现在高速公路上有一个幽灵司机。"这个司机看上去愁眉苦脸："他们在说些什么呢？许许多多的幽灵司机正朝我驶来！"如果用这个笑话来比喻对中国的报道，我们就是里面的幽灵司机，对着车流逆向行驶。但是，我们当然知道我们正在行驶的方向是正确的。有些记者已经告诫我们可能会撞车。

赵：您这个很德国式的比喻是告诉人们，有时在许多人看起来是正确的习惯，甚至是习以为常的规则，其实未必是正确的。我们来回顾一下历史。很多率先提出真理的人往往是少数。真理有时候在少数人手中。当初哥白尼相信地球是围绕着太阳转的时候，是少数。在20世纪初，爱因斯坦提出狭义相对论，很多物理学家都不赞成，但最后是他胜利了。所以说，虽然是少数，但是他们可能更接近真理。

科学的真理由于有实验或者计算数据的支持，能够比较快地被大家承认。但在社会科学以及涉及到意识形态方面的见解，被大家接受就需要较长的时间。因此，也更需要提出真理的人有勇敢、坚强的精神。

多：我们不只是应对人们对事实的质疑，还要面对非常情绪化的问题。用理性的事实与各种情绪论辩是很困难的事。情绪往往无视事实。

奈：在讲述中国的故事时，另一个需要考虑的因素是西方不想听它。这些中国故事与深烙在他们思维中的中国印象大相径庭。中国崛起如此之快以致能够与伟大的西方相抗衡，看来就像西方自己那样，这使得西方甚为愤愤不平。这就是情绪的由来之处。西方人一想到中国正在取代西方成为世界上最重要的大国就容易情绪激动。事实上，权力正在从西方向东方转移。

赵：历史上和现在的几个西方强国在崛起的过程中和崛起之后，都曾经欺负过别的国家。他们若以此经验猜测中国，就会不放心，所以情绪激动。

对中国的观察，西方的企业家往往比政治家更客观

赵：任何一个国家的发展当然是由于该国政府和该国人民的努力，要看他们的政策是否正确，资源是否丰富，人民的智慧和勤劳是否得到发挥。而在经济全球化的今天，外部条件也是一个国家发展必须考虑的因素，所以中国很希望世界对中国的发展有较为正确的判断。反过来看，中国则是他们的外部条件。如果对中国的分析感情用事或意识形态用事，从而得出了错误的结论，对他们也是不利的。所以，正确地认识中国不仅是中国人所希望的，也是西方明智人士应当持有的态度。

奈：总体来讲，和记者相比，西方的工商界人士更愿意了解和接受关于中国的信息，他们乐于倾听中国的真实的故事。但是，不管是西方还是东方，都有自己难念的经，都要考虑自己局部的经济情况，都有他们自己的计划和希望。所以，要让他们对更宏大的景象产生兴趣常常很困难。

赵：对中国的观察，西方的企业家往往比政治家更客观，因为他们在与中国的合作中必须仔细地观察中国的投资环境，并且要计算他们的投入和产出。他们如果不客观的话，就会导致他们的企业走入泥潭。所以，在美国国会举行关于中国问题的听证会的时候，企业家的意见往往更加实际，也更加正确。比如说，几年前在讨论是否给予中国最惠国待遇的时候，绝大多数美国的500强企业都是赞成的，他们向国会说明了中国应该享受最惠国待遇的理由。他们这些建议也起了作用。

除了您刚才所说的，西方的一些人对中国强盛以后在世界上起什么作用表示担心，还有种种不正确的想象。其实，观察中国也不容易，因为中国太大，变化太快，现在又是一辆疾驰的列车，你必须开着另外一辆车子——像你们夫妇这样，跟上中国车的速度，才能观察到中国这辆列车是什么样的。如果你站着观察，即使用望远镜观察，你也永远看不清楚。

速度与稳定之间要有一个微妙的平衡

多：我来提一个比较尖锐的问题。刚才您提到中国现在发展速度太快。作为一个西方人，我会说："对呀，中国高速列车现在行驶得已经超过限速了，因此，中国必须减速。"

赵：这几年，我们也在想这个问题：我们有没有必要每年保持甚至超过10%的增长。我们感到需要稍微放慢一点，稍微控制一下速度，较全面地、用心地考虑一下中国发展中出现的关系国计民生的不平衡问题、文化发展问题、环境建设问题。这符合中国领导人胡锦涛近年提出的“科学发展观”的理念，不只看 GDP 增长速度，还要看整个社会的进步，并保持可持续的发展。

奈：我觉得发展既要有速度又要有质量，在这两者之间其实要维持一个非常微妙的平衡。我知道对于中国来讲，维持稳定是至关重要的，但是你要想维持稳定，就需要有一个持续的经济增长，也许不是每年 GDP 增长 10%，但是你应该保持一个持续的经济增长。总之，你要在发展速度和维持稳定之间达到一个非常好的平衡、非常微妙的平衡。

赵：这就是对中国共产党和中国政府的一个考验。中国这几年大家愿意谈的有两件事情：一个是如何在保持持续的发展当中，保证适当的速度；另一个是如何在保证适当速度的同时，还要焕发人们的文化自觉性。就是说经济进步和文化进步应该同步，发展太快容易忽略文化的建设。这是中国人近年来普遍的看法。

我曾对中国的一些大学生说：“当你们在运动场上进行 100 米赛跑的时候，会把暂时多余的衣服都脱掉。在跑的时候什么也不想，就是拼命跑。跑完了 100 米，还得走回来，把你们的衣服再穿上。”学生们听明白了，也就是说文化不能丢。中国的建设是很长久的事业，应该像跑马拉松那样跑下去，总是用跑 100 米的速度去跑马拉松是不合适的。中国要调整到一个合适的速度，以适应长期发展。

中国应主动及时地向西方记者提供充分的信息

奈： 我们接着幽灵司机和超速列车的比喻继续探讨。我觉得对于中国和西方来说，双方都需要努力克服彼此之间存在的偏见或误解。

在此，我想到了一个历史的事实。过去的500年以来，西方国家经过文艺复兴、启蒙运动、法国大革命，最后由美国创立了现代民主。拿交通来讲，几乎所有这些交通规则，都是由西方来制定的。他们希望所有的交通参与者都能够遵守西方制定的交通规则，这个规则成了国际的规则。这对于整个世界来讲都会带来重大的影响。西方还有一个观点认为，西方所制定的这些模式，比如说民主模式，实际上是最完美的，是人类社会最终的规则、最好的模式。就如同美国的弗朗西斯·福山[①]教授在他那本《历史的终结》中所言，“我们眼前看到的可能是人类意识形态演变的终结点，西方的自由民主制度作为人类发展的最终形式被普遍接受。”他认为西方的模式就是人类所追求的终结了，是最好的了。所以，他希望其他国家都能够接受西方的这些规则。

当然我们不一定认为这个观点是正确的。因为中国现在正在创

---

① 弗朗西斯·福山（Francis Fukuyama），美籍日裔学者。兰德公司顾问，美国约翰·霍普金斯大学高级国际研究学院国际政治经济学教授。主要著作有《历史的终结》、《信任：社会美德与创造经济繁荣》、《大分裂：人类本性与社会秩序的重建》等。

造一个全新的体系，中国也相应地在制定自己的一些新的规则，这些规则可能比西方的现有规则更适合中国。我觉得，从沟通上来讲，中国有义务也有责任向西方记者及时提供充分的信息，帮助他们了解中国。就西方记者而言，他们也有责任尽可能及时、全面地搜集关于中国的信息，然后把这些信息告诉他们的读者。但是我觉得目前这两个方面做得都还不够。从中国方面而言，可能并没有很及时、很全面地把信息提供给西方媒体，而西方媒体在客观报道中国方面可能做得也不够。所以，两方面都需要改进。

赵：您提到弗朗西斯·福山的这本书我读过，但是并不能苟同他的观点。就是在本周，他对日本记者又说了一番话。他说，中国经济令人惊异的快速发展体现了中国模式的有效性。他认为中国今后的民主法制建设不太可能全盘引进西方理念，而更可能采取立足民生、务实渐进的方式，围绕环境污染、土地征用、基层官员腐败等具体问题，通过政府与民众之间的互动、磨合，逐步实现制度的进步和升级。他还说了一句非常重要的话，他说："历史终结论还有待于进一步推敲和完善，人类思想宝库需为中国留下一席之地。"①

多：我们很赞同福山先生的这个观点，他修正了他自己的历史终结的学说。实际上我和约翰在《中国大趋势》中，一直都在描绘中国这种新的发展模式。如果要继续探讨下去，我想问：什么是中国的发展模式？我们可不可以来描绘一下？

---

① 参见日本《中央公论》2009 年 9 月号对福山的专访：《日本要直面中国世纪》。

赵：好主意！当前世界有着不同的中国观，比如说“北京共识”[①]也是一种中国观，对中国模式的不同看法，就是不同的中国观。

如何理解“中国模式”

奈：人们对“中国模式”做了种种描述，但我未曾听说过一个清楚的“中国模式”。人们是怎么说的？中国是怎么说的？我想中国除了“中国特色的社会主义”外一直没有解释过她的模式，但这样还是解释不了许多事情。“中国特色的社会主义”是什么？

多：我想补充一点，提到模式，或者提到制度，就西方而言，如果简单地说，它的制度就是民主制度。如果以非常简洁的语言，或者用一两个词，来描述中国的制度和中国的体制的话，您怎么来概括？

赵：的确，中国人自己没有首先使用“中国模式”这个词，因为“模式”在英文中有多种含义，它有模范、示范的意义，中国人慎用这个词就是为了避免把“模式”变成“要别人学习”的那种意义。如果一定要给“中国模式”下个定义的话，那么可以说是新中国成立60年来，特别是改革开放30年来建设中国特色社会主义的理念、战略、政策、实践的过程和结果的总称，也包括出现的问题。也许称为“中国案例”更合适，它还在进行中，处于现在进行时。

---

① 2004年5月，美国高盛公司高级顾问乔舒亚·库珀·雷默（Joshua Cooper Ramo）在伦敦作了题为《北京共识》的演讲，论文随后发表在英国著名的思想库“伦敦外交政策中心”网站上，旋即在欧洲、中国和世界其他国家引起强烈反响，中国的经济奇迹及其背后的“中国模式”一时成为世界的焦点。

可以用比较通俗的话来概括中国体制的几个特点：一是在理念上，是执政党为人民执政，并且在经济发展、文化发展、科学进步上引导人民向前进，执政党应该代表最广大人民的根本利益；二是在发展方向上，是从人民的需求出发，坚持全面、协调、可持续的发展，也就是“科学发展观”；三是在实践上，谨慎和大胆相结合，重大改革都是先试验，再推广，如我曾经工作过的上海浦东新区，就做了很多先行试验，然后推广至全国。

奈：刚才您作了解释，但实际上我还是不太理解。在我看来，社会主义和市场经济实际上是有不兼容的地方，似乎市场经济不应该是社会主义的一部分，与其说是中国特色的社会主义，不如说是有中国特色的市场经济。

赵：按传统的观点，社会主义和市场经济实际上是有不兼容的地方，所以邓小平说：“计划多一点还是市场多一点，不是社会主义与资本主义的本质区别。计划经济不等于社会主义，资本主义也有计划；市场经济不等于资本主义，社会主义也有市场。计划和市场都是经济手段。”① 这是他的伟大创造，并在中国实现了。

多：尽管我很敬重您，但我还是要说您在绕圈子。刚才我的问题是：您能否用一两个词描述中国的政治体制？您的回答是一长串答案。

赵：中国特色的社会体制是30年前才提出的，是新生的事物，世界还不能一下子就看清楚，所以详细的说明必不可少。西方的制度大体有200年了，人们已经耳熟能详了，自然可以简单描述了。

---

① 参见《邓小平文选》第3卷，第373页。

多：或许我刚才的问题不够清楚。打个比方说，如果有人问：多丽丝和约翰是什么关系？你可以说，约翰和多丽丝一起享用美餐，多丽丝做饭，约翰洗盘子，他们合作得很好，他们建立了一个非常美好的家庭，分享同样的爱好，为共同的目标工作。这样说只是解释了我们关系的一些特点。但答案只需一个词：约翰和多丽丝“结婚了”。他们是一对夫妻。

奈：我们坠入爱河。（大笑）

多：别打岔！我重复一下问题：中国现有什么样的政体形式？您能否用一个词来描述中国人民与其政府之间关系的特征？

赵：中文中的“国家”相当于“国”和“家庭”一起构成的复合词，“国”有大家庭的含义。在几千年的封建社会中，地方官员被称为“父母官”，官员则说自己“爱民如子”，而实际上政府和人民是统治和被统治的关系。今天执政党和政府要求自己：权为民所用、情为民所系、利为民所谋；而人民要求政府必须不断满足人民群众的经济、政治、文化利益，并将之体现在为人民群众办实事、办好事上。这样，今天的中国翻转了封建社会中那种政府和人民的关系。但是官民关系也出现了令人民严重不满的问题，如官僚主义问题、贪腐问题。问题已经发现，但是还缺少如何使法制更完善、监督更严密的办法。

在发展过程中，我们遇到了很多困难。因为中国人口很多，民族很多，地方差异很大，因此，中国的做法必然是一个特殊的做法。在1949年以前，中国学习过西方的做法，没有成功；在1949年至1959年的时候，我们大体上学习过苏联的做法，人民生活水平的提高也很慢；1978 年以后，邓小平提出建设有中国特色的社会主义，可以说这是一条前人没有走过的道路，我们成功了。

多：是那些模式本身失败了，还是你们在实施过程当中失败了？

赵：是外来模式在中国水土不服，不适合在中国生长。

奈：我对您刚才提到的“中国模式”和中国特色的社会主义，对您坚持用“社会主义”这个词，我还是有不同的看法。中国现在实行的是一种全新的模式，你们治国理政的方式，你们行事的方式，都是全新的，所以您不能简单地用“社会主义”来描述了。如何来称呼中国现在这种新的模式，我还没找到一个非常恰当的词。

赵：邓小平考虑过这个问题，所以他加了个定语，就是“中国特色的社会主义”。“中国特色的社会主义”和欧洲的社会主义不一样，和印度的社会主义不一样，是邓小平理论规定下的社会主义。如果您一定要换一个词呢，我个人认为，您理解为“邓小平主义”也是可以的。

奈：在我看来，如果你们想要让世界了解一个全新的中国，就不能再用陈旧的词汇。最重要的问题是，当你们成为一个新典范后——事实上你们已经成为了这样一个典范——你们不能再抱着旧词汇不放。你们怎么能用旧的词汇描述新的典范呢？您刚才提到用“中国特色”来修饰“社会主义”，但是在欧洲，很多人一说到“中国特色”就想到共产主义，会产生意识形态方面的一些联想，而这种联想往往是负面的，实际上对中国也是不利的。

中国不要把自己裹在“共产主义”这个老茧子当中，你已经化蝶了，你就应该展翅高飞。你应该对外界说，你就是一个很成功的模式，别的国家就应该来效仿。比如说，欧洲因为有了所谓的文艺复兴，有了启蒙运动，就炫耀着，打着人权的旗号，号召其他国家向它学习，但所谓的“欧洲模式”又给非洲还有其他一些国家带来多大的好处呢？实际上在那些国家的实验并不是很成功。而中国在很短的时间内取得了很大的成功，中国完全可以成为其他国家效仿的对象。

从这个意义上来讲，中国本身就是一个思想解放者，所以在这方面应该解放自己。如果你自己不能充分地肯定自己，你又怎能让别人来肯定你呢？所以，应该为自己的成功模式感到高兴，要庆祝你自己很成功的模式，而不是躲在过去的旧的观念当中。

赵：中国已经把马克思主义中国化了，既和中国的传统文化思想融合，又和经济全球化的时代融合；它和以前的俄国以及东欧的共产主义是有很大的差别的，“共产主义”和“社会主义”在中国不是负面词汇。如果中国把这两个词放弃了，很多中国人会感到困惑，会坚决反对。“中国特色的社会主义”这个词语外国人理解起来有困难，但中国绝大多数人不仅理解，而且拥护。我们一定要首先考虑中国人的选择，然后考虑外国人的理解。

欧洲人和美国人提到“社会主义”的时候，会想到前苏联和东欧的社会主义，甚至会想到“古拉格群岛”[①] 和“日瓦戈医生”[②]，而在中国说社会主义的时候，不会想到它们，因为在中国没有这样的故事。

---

① “古拉格群岛”一词源自前苏联作家亚历山大·索尔仁尼琴的描写前苏联劳改营生活的同名长篇小说《古拉格群岛》。这是索尔仁尼琴的一种比喻说法，他把整个苏联比作海洋，在这个海洋上处处皆是建有监狱和集中营的岛屿，他把这些岛屿称为古拉格群岛。作者于 1970 年获诺贝尔文学奖。

② “日瓦戈医生”为前苏联著名诗人和小说家鲍里斯·帕斯捷尔纳克创作的同名长篇小说中的主人公。故事以第一次世界大战和俄国十月革命前后为历史背景，讲述了日瓦戈医生的悲剧一生，借此反映了一代知识分子对十月革命所表现出的迷茫，并以现实主义手法使我们从一个侧面了解了俄国国内战争时期的某些残酷的社会现实。作者于 1958 年获诺贝尔文学奖。

把全新的中国介绍给全世界

多：您刚才提到，西方国家会认为共产主义这个词是一个负面的词，其实在西方看来，共产主义这个词不一定是个很坏的词，它也可能有好的一面。反过来说，共产主义给中国带来的也不见得全部是好的事情，恐怕也有一些坏的事情，也有一些黑暗的日子。我本人并不是卡尔·马克思理论的专家，但是我们提到卡尔·马克思的时候，就会想到，要把社会划分成不同的阶层、不同的阶级。但是，从现代社会来看，不同的人会有不同的梦想，有不同的追求。有的人追求经济上的成功，有的人可能追求精神上的成功或者精神上的一种境界，这样的话，你就很难用一个简单的标准来划分社会的阶级。当然，更多的时候我们可能是用一种经济上的成功来划分社会的不同阶层；但是毕竟有的人追求的是精神上的成功，所以你很难再套用过去马克思主义传统的阶级社会论来划分阶级。所以，中国现在的图景和卡尔·马克思所描绘的图景就很难结合到一起。

还有一个很简单的问题，比如我现在问您：赵部长，您现在还是一个共产主义者吗？您会怎样回答？当然，我也有我的答案，我想先听听看您是怎么回答这个问题的。

赵：中国在“文化大革命”以前，尤其在“文化大革命”时期，的确强调过阶级斗争。现在，在进行改革开放的时代，中国已经放弃了强调阶级斗争的那种理念，而是团结尽可能多的人共同来建设国家。中国共产党有一个传统的信念就是“为人民服务”，它曾经取得过革命的成功，后来又取得了建设的成功，虽然其中有很多挫折。

我既然是共产党人，当然就是共产主义者。我们在思考我们社会制度前景的时候，会记着邓小平曾经说过的话：中国目前还处在社会主义初级阶段。巩固和发展社会主义制度，还需要几代人、十几代人，甚至几十代人坚持不懈地努力奋斗。我认为更长远的情景也不能去想象得太具体，但是中国人相信：到中华人民共和国建国100周年的时候，中国会是那时的中等水平的发达国家。

奈：当然，您说的我很理解。但是现在面临的问题是：我们如何把一个全新的中国介绍给全世界？这是一个新的课题。现在，您看一下西方媒体关于中国的报道，比如CNN，他们在报道中国时会说：共产主义政府做出了什么决定、又宣布了什么。他们每次提起中国政府都要在前面加上“共产主义”这么一个词。您也知道，“共产主义”是一个旧的词汇，西方的观众和读者一听到“共产主义”这个词，他们的脑海里出现的是过去的图景、过去的印象。现在面临这样一种情况：怎么才能把中国发展的最新信息传递给全世界？这就是一个问题。

赵：说到CNN，我告诉您我和CNN的创始人特纳[①]先生有过一段对话。特纳先生问我：“你喜欢CNN吗？”我回答：“不喜欢。”他问为什么，我说：“你们会说你们的摄像机是反映真实情况的，但

---

① 特德·特纳（Ted Turner），美国最大的有线电视新闻网——CNN的创始人，2001年起担任美国在线—时代华纳的副董事长。

是，在北京，假如有7处鲜花，3处垃圾，你们却拍摄了7分钟的垃圾，3分钟的鲜花，那么全世界的人就会认为，北京是座垃圾城市。”他说：“哦，也可能吧，我会改进的。”亚洲国家都不是很喜欢CNN，因为它专门喜欢报道阴暗面，而且夸大。对确实存在的阴暗面，它可以报道，但是，有意夸大就不好。

奈：其实CNN报道美国的时候也是这样，也是突出夸大阴暗面，不只是对中国。

赵：这里有西方意识形态对共产党领导的中国的固有偏见，也有媒体商业利益的动因。耸人听闻，容易引起更多的受众注意，同时这些报纸或电视也可以吸引更多的广告。

我想问您一个私人问题：既然多丽丝这么有学问，您是否觉得她会超过您？有没有感到威胁？

奈：就像现在中国以非常快的速度发展，中国正在超越所有其他的国家，我觉得有一天多丽丝肯定会超过我的。

多：永远不会。

赵：高盛①说，到2027年，中国的GDP将超过美国。如您所说，她是中国，您是美国，您感到威胁了吗？

奈：我没感觉到多丽丝的威胁或者中国的威胁。因为我支持多丽丝，也支持中国。

---

① 高盛（Goldman Sachs）为跨国银行控股公司集团，《财富》杂志评选的美国财富500强企业之一，总部位于美国纽约。高盛的业务涵盖投资银行、证券交易和财富管理，在全球23个国家和地区设有代表处。

三种共识的争论

赵：您一定知道，2004 年，雷默[①]写了一篇题为《北京共识》的论文，但是这并不代表北京的观点，只是他的一种中国观。此前还有《华盛顿共识》，是约翰·威廉姆森[②]写的，也叫“新自由主义的政策宣言”，曾经并不成功地指导了拉美的经济改革。诺贝尔经济学奖获得者斯蒂格利茨[③]的《后华盛顿共识》，对《华盛顿共识》进行了批评。因此，现在媒体在说，三种共识在争论。其实中国没有参加这场争论。

奈：在此我想补充一点。刚才您提到了三种共识，不管是《华盛顿共识》，还是《北京共识》，实际上在我看来，这些共识主要是在小范围内，主要是在学术界或者政策界，很少的一批人在探讨不同的共识。实际上，就美国公众而言，很少有人知道所谓的《华盛顿共识》，它只是在一个很小的圈子里探讨，在公共政策领域里，其实它并不重要。

赵：谢谢您指出它的影响很小，我们也就不必费很多精力去研究它了。

---

① 乔舒亚·库珀·雷默（Joshua Cooper Ramo），美国著名中国问题专家，现任基辛格咨询公司常务董事，曾担任高盛公司高级顾问。

② 约翰·威廉姆森（John Williamson），国际著名经济学家、美国国际经济研究所资深研究员。20 世纪 60 至 70 年代，他曾先后在美国普林斯顿大学、麻省理工学院等世界著名的高等学府担任经济学教授。他所创立的“基本均衡汇率”、“汇率目标区”等理论已经被写入欧美国家的国际经济学经典教科书。

③ 约瑟夫·斯蒂格利茨（Joseph E. Stiglitz），哥伦比亚大学经济学、商学以及国际和公共事务教授，2001 年诺贝尔经济学奖获得者。

奈：我认为所谓《华盛顿共识》恐怕也就是五六个人的共识。（笑）当然在它的后面，还有其他的一些含义。

赵：刚才之所以提出这三种共识的问题，是因为我有一种忧虑。似乎现在是由非中国人在渲染中国的发展之路，而中国确实没有这样的意图。但是有的舆论说，中国在推广自己的模式。这是没有的，没有这样的事实。刚才我说过，中国的哲学认为必须“因地制宜，审势而行”，任何国家如果照搬他国的做法，都会失败。

奈：其他国家如果真想借鉴，是因为他们看到了你们所取得的巨大的成就，受到了启发，他们会去探究能不能从中吸取经验，也能够获得同样的成功。从这个角度来讲，其他的国家要借鉴你们的模式，是因为其内在有一种动力，而不是因为你们自己去宣扬这个模式。退一步说，即使中国真的想要推广她的模式，我可以说，你们在这方面做得也不是很成功。

赵：中国的模式自然是中国的创造，但事实上在不同的方面也参考了美国，也参考了欧洲，也参考了日本，也参考了新加坡，他们的模式其实也不尽相同。我们把他们其中的某一点拿过来，结合中国国情，加上中国文化的载体，予以创新。中国为什么认为不能全盘照搬其他国家的模式？我用一个故事来解释一下。在两千年前，中国有个智者，叫晏子，他曾经说过，橘子如果种在淮河以北，就成为枳，不是橘，如果种在淮河以南，就是橘。它们的叶子是一样的，但是果实的味道不一样。为什么呢？因为土壤不同。[①] 制度和橘

---

① 出自《晏子春秋·内篇杂下》。原文为：“橘生淮南则为橘，生于淮北则为枳，叶徒相似，其实味不同。所以然者何？水土异也。”

子树是一样的，也不能异地种植。

这是我们的祖先留给我们的故事，故事往往离真理最近。

多：刚才您提到的模式问题，就像种橘树，把橘树从淮河以南引进到淮河以北会造成不同的结果；就像马克思主义也是从国外引进的，也会有不同的结果。我们在分析“中国模式”的时候发现，实际上，“中国模式”背后还有很丰富的含义，就像我们在书里提到的，我们是把一个国家的治理更多地当作一个企业的治理来看。比如说一个企业的 CEO 要来拯救公司，让公司走上正轨，他怎么做呢？他可能只给公司披上一层不同的外衣而已。这就像一些西方国家想在阿富汗实行所谓的民主化，给阿富汗人民披上民主的外衣，就认为将它民主化了，但实际上，阿富汗并没有改变，你只是给它披上了一个外衣而已。由于这个系统内在的本质没有改变，所以这个所谓的民主化也是很难获得成功的。而中国就不同，中国并没有给自己找一个所谓的意识形态的外衣来披上，而是实实在在地从自己的国情出发。她建立了自己的做法、自己的体系，这就像花一样，她本身很成功，而且她能够扎根发芽，能够自己茁壮成长。这就是中国的成功之处、聪明之处。邓小平没有将另一个外衣覆盖在中国的身上，或者受制于意识形态思维，他做的恰恰相反。

赵：冷战时代意识形态的鸿沟分裂了世界。冷战结束了，这条鸿沟并没有自动填平。撒切尔夫人在 2002 年出版的《治国方略》[①]

① 撒切尔夫人在书中把她在 20 世纪的政治经验推行到 21 世纪。书中回顾了冷战的教训，还描绘了美国如何打下超级大国的根基。她还凭借自己所掌握的第一手资料解释了英国和欧盟日益紧张的关系。

中坚持评判“共产党中国”所体现的顽固的冷战思维就是一例。邓小平是领导中国人民跨越意识形态鸿沟的伟人，不跨越这条鸿沟，中国就不能实行改革开放的政策，这是具有世界意义的。

奈：他鼓励人民再次开始作出他们自己的决定。他的号召是解放，从教条中解放出来。美国犯了一个极大的错误，认为不用考虑人民的想法就能将他们的国家向好的方面转变。当然，只有赢得了人民，才能赢得胜利。

多：从很早开始，我们在《中国大趋势》里面提到的八大支柱，已经成为新体制的基础。以美国为首的西方剥夺了他们想要民主化的体制基础，但他们忘了还没有任何新结构来替代旧的。这就是为什么他们几乎没有任何自下而上的支持。你不能自上而下地将一个国家转向，你需要自下而上的支持。这显示了中国的战略是何等的高明，无论它是否完善。它有助于并吸引人民去创造体制赖以建立的基础，人民是创造行为的组成部分，创造也是人民力量的体现。为什么不向世界讲述这一切？我们奥地利有一句谚语：“不要把你的烛光放在桌子下面。”

赵：您引用的谚语很生动！中国有一句类似的话叫“高灯下亮”。一本好书也是一盏灯，能照亮人们一时看不清楚的地方。

多：中国实际上开启了一个新的进程，在这方面其实做得很好。您刚刚提到中国的体制发端于革命，本身有它革命的特色，中国应该继续变革的进程。我们在《中国大趋势》这本书里也提到了解放人民的思想，让中国人民解放思想来作出自己的判断。关于如何给中国新的体制找一个名称，刚才我们已经谈了很多。我想更重要的是如何让世界更好地了解中国的新体制，或者说了解这个体制的结构是什么。因为虽然中国并不是在所有的方面都做得很好，但她确实在很多方面都做得很棒！这是西方能够真正学习的部分。

西方人喜欢推广自己的价值标准，强调普适性

赵：你们在书中提到了一个实际情况，有的西方人愿意用自己的模式为标准，并希望其他国家也采取这种模式。这涉及到某一种模式是不是具有普适性（universality）的问题。

一般说普适性是指两个方面：一个是平面的伸延，就是世界各地都适合；一个是时代的伸延，以前适合，现在适合，将来也适合。在自然科学领域呢，这是毫无疑问的，比如说牛顿的三个定律、爱因斯坦的相对论，在中国、美国、奥地利，都是适合的，甚至于在火星、金星上都是适合的。所以，自然科学的定律的普适性是绝对的。

可是在讨论社会科学的普适性时就要十分小心。比如凯恩斯[①]的理论，在20世纪30年代初，对美国起了很大的作用。但是到了40年代，美国人就不使用凯恩斯的理论了。那么今天遇到了危机，有人又想到了凯恩斯的理论，但是今天却不能完全照着凯恩斯的

---

① 约翰·梅纳德·凯恩斯（John Maynard Keynes，1883—1946），英国经济学家，因开创了所谓经济学的“凯恩斯革命”而著称于世。代表作有《就业、利息和货币通论》、《货币改革论》、《货币论》等。

理论去做，所以说它有时间和地点的限制，不能说有普适性。

您在历年的著作中都对社会的发展做了推论。在自然科学领域，在一定条件下，用外推法是比较准确的，但您是综合了您的全部知识和智慧，做了一个延伸的预测或预言。这是很不容易的，您做了一件很伟大的事情。

奈：谈到您说的这种外推法，其实有许多种，很多时候是通过已有的数据来推断未来的数据。可是我不是去推断数据，而是推断人们的观念。

赵：那您的方法应该叫 analytical extrapolation。

奈：也许可以这么叫吧，解析外推法。

多：我想回到刚才所谈的内容。您把科学和科学发现同人们的行为规则进行比较，我想它们之间有着根本的不同，因为不管是牛顿还是爱因斯坦，所有发现的自然条件总是存在的，它们从未改变，问题只是我们将在何时发现何种真理或何种事实并给它命名，其他一些可能的发现我们迄今尚未能知晓。此外，有许多事情没有绝对真理，那些就是我们需要创立规则的事情。我们永远不能为自然创立规则，究竟是太阳围着地球转还是地球围着太阳转不是由我们决定的。但是，我们能够极大地影响阳光下的这个世界生活的规则，那就是我们能够宣称何谓正确、何谓错误的领域，这当然也是和谐世界的难题。

赵：但是世界的规则，需要世界大多数国家的认可。谁也不能宣布他就是真理的代表者或者上帝的代表者。在 2000 多年以前，中国处于战国时代，存在着许多小国家，国家和国家之间的相处就是用战争来解决问题。这时候人们就会厌烦战争，于是就有智者提出“求同存异”，或者是“求大同存小异”，而不是求完全相同，因为人们的思想不可能完全相同。所以在中国哲学里，“求同存异”以及“和为贵”的理念一直延续到今天，这样，我们的先哲创造出了一个和谐社会的信条。

奈：的确是这样。您刚才提到的求同存异的原则确实非常重要。今天，我们放眼世界，就会发现在经济全球化的进程当中，各国在经济上的互补性越来越强，相互依存性越来越高。而与此同时，各国也更加重视其民族的文化属性。所以，二者是同时进行的。也就是说，随着各国在经济上相互依存度进一步提高——这是一个相互融合的过程——你的文化面临着挑战，各国会更加强调各自文化的属性和特征。

赵：人们都相信自己的母文化，熟练地使用母语，喜欢自己国家的饭菜，于是很自然地希望最好全世界都和自己有一样的语言和饭菜。但实际上，这是绝对做不到的。所以，文化多元化的世界是必然长存的。现在欧盟强调多元的文化，我觉得这一点是先进的。

奈：您刚才提到了欧盟在欧洲主张多元的文化，但实际上欧盟可能并没有那么重视或承认其他国家的多元文化，它所谓的多元化只能是在欧洲地区的。

多：现在我们渐渐成为越来越亲密的伙伴了。这有点像我们坐在游泳池边，大家都能同意彼此可以和谐地向前游。问题是我相信我们大伙都是有竞争性的，我们具备竞争性是因为我们总是用对照的标准来衡量一切，我们用他人的成功来衡量我们自己的成功，我们用他人的形象来衡量我们自己的形象，我们用另一种文化来衡量我们自己的文化，总有些超过人家或者不及人家的地方。这种天性要从本质上克服是非常困难的。

赵：“比较”不仅是学者们的重要的学术方法，也是广大民众看问题的方法。但是在比较中，最不容易有一致看法的就是政治理念，世界政治制度的多样性是实际存在的。比如说，如果认为唯有两党制和议会制度是最合理的，其他的制度都是不对的，这就限制了别人的选择自由和创造性。如果硬要这样去要求别的国家，冲突就在所难免。在当今世界，有些西方国家一定要中国参照他们的制度或者把他们的制度照搬过来，这样要求，中国人觉得不合理，也不能接受。

美国梦、欧洲梦和中国梦

多：说到政治体制，我想借用一个人说过的一句话：你要判断一个政治体制的好坏就看它的结果，结果好就行。因为你不能简单地说哪个制度更好，那个时代似乎已经过去了。

赵：也许，我们可以进入一个有点浪漫主义色彩的内容——谈谈世界上的几种“梦”。如“美国梦”曾一直是世界上许多人所羡慕和钦佩的，但是在欧盟发展了以后，又出现了“欧洲梦”，许多人认为这比“美国梦”更符合他们的需要。那么“美国梦”、“欧洲梦”和“中国梦”三者的区别在哪里呢？

“欧洲梦”现在被广泛讨论，有一本代表作就叫《欧洲梦》[①]，作者认为，“欧洲梦”是21世纪人类发展的新梦想。

奈：我认识这个作者。这本书实际上是说欧洲式的社会主义梦想。

多：我是在二战后出生，在一个趋附于强大美国的欧洲长大的。自从欧洲在二战的废墟上站立起来后，它就与“美国梦”进行竞争。欧洲想创立一个“欧洲梦”，能够击败“美国梦”。现在形势发生了新的变化，我们进入了一个新阶段，欧洲和美国正在观察中国，眼看着“中国梦”的崛起。如果将此情形与20世纪后半叶相比，那时美国已经创立了一个可以使人们的梦想成真的环境，美国成为世界上经济最成功的国家。在欧洲，德国创造了所谓的德国经济奇迹，您对此很了解。但德国无法挑战美国作为梦想之地的作用。现在西方在走下坡路，中国将继美国之后成为另一个梦想之地。我想知道中国这个梦想包含些什么，中国需要做些什么才能真正成为这样的地方。不过，中国并不圆任何其他的梦，它只是让你自己梦想成真。美国是一个充满无限可能的国度，中国将成为另一个充满无限可能的国度。

赵：“中国梦”可以分两个阶段来说。

在20世纪初，中国还是由封建皇帝统治，在全世界来看是最落后的国家之一，甚至于被称为“一盘散沙的国家”，就是说人民不团结；也被称为“东亚病夫”，是说中国人精神上不振奋，体质上不健

① 《欧洲梦》，（美）杰里米·里夫金著，杨治宜译，重庆出版社2006年9月版。在作者看来，欧洲梦既能够将个人从西方意识形态的旧轭下解放出来，同时又能够将人类与一个新的共享的故事相连。这是一个带领我们超越现代性和后现代性，进入全球时代的梦想。

康。那个时候中国有先进思想的人的想法就是推翻封建王朝；可是在封建王朝被推翻之后，中国又进入了军阀混战的阶段和遭受日本军国主义侵略的战争年代。当时，中国封建势力残余、帝国主义在中国的势力以及一些官僚资本的势力压在中国人民身上，我们称之为“三座大山”。那时候的梦很简单，就是推翻“三座大山”，建立新中国。这是20世纪前50年的梦。

1949年新中国成立之后，中国在国际地位上、政治上与其他国家是平等的，但由于在科学、技术、经济上的落后，中国仍然是一个相对贫穷的国家。这时候的“中国梦”是尽快实现现代化，使人民的生活获得改善。今天，“中国梦”可以被描述得更加具体，就是要在本世纪中叶实现社会的全面小康，同时要力所能及地承担应尽的国际义务。

奈：说到“中国梦”时，有一个概念我想弄清楚，中国领导人曾经在多个场合多次提到“小康社会”，那么“小康社会”到底是什么含义？

赵：“小康社会”最初是由中国改革开放的总设计师邓小平提出的，是对中国社会进步的要求，包括了物质文明、精神文明和政治文明的全面要求。在2020年全面实现小康社会的物质文明标准可以用数据表述的有许多项，如人均GDP超过3000美元、恩格尔系数①低于40%，还有教育、医疗和环保等等指标。大体上指的是，到新

---

① 1857年，德国统计学家恩斯特·恩格尔（Ernst Engel）提出了这样一个观点：一个家庭收入越少，总支出中用来购买食物的费用所占的比例越大。这一观点被称为“恩格尔定律”，又叫恩格尔系数。用公式表示为：恩格尔系数（%）＝食品支出总额/家庭或个人消费支出总额×100%。国际上常据此衡量一个国家和地区人民生活水平的状况。根据联合国粮农组织提出的标准，恩格尔系数在59%以上为贫困，50%—59%为温饱，40%—50%为小康，30%—40%为富裕，低于30%为最富裕。

中国建国100周年的时候（2049年），中国人的生活水平能够相当于世界中等发达国家的水平。“中国梦”是由全国民众的梦组成的，并且能有纲领、有步骤地去实现。

中国现在的生活水平还是比欧洲、美国落后很多。如每千人拥有的小汽车数量，中国是50辆，全球平均是120辆，多丽丝的祖国奥地利是551辆，约翰的祖国美国是775辆。所以中国的路还很长。

奈：美国是800辆。

赵：那以您的数据为准。可以说，中国一方面还是比较落后，另一方面发展空间也比较大。

奈：刚才提到美国在过去50多年中成为了世界上最成功的国家。但美国和中国之间有一个不同之处值得注意。美国是由世界上所有的人种组成，是世界人种的混合体，因而成为世界上最成功的国家。而在中国我们见到的是另一种情形，它几乎是由完全相同的人种组成。就公民的梦想而言，这种不同会有什么影响？您对此怎么看？

赵：正如您所说，“美国梦”也吸引了很多外国人，特别是许多科学家、艺术家也向往美国，他们对“美国梦”作出了重大贡献。美国有很多科学计划，如曼哈顿计划①，其中就有来自德国的爱因斯坦的贡献，有意大利人费米②的贡献，美国二战后的火箭技术就有德

---

① 曼哈顿计划（Manhattan Project）为第二次世界大战期间美国陆军自1942年起研究核武器计划的代号。其负责人为美国物理学家罗伯特·奥本海默。

② 恩利克·费米（Enrico Fermi，1901—1954），美籍意大利裔物理学家，1938年诺贝尔物理学奖获得者。他被称为现代物理学的最后一位通才，对理论物理学和实验物理学均作出了重大贡献。他是量子力学和量子场论的创立者之一。他首创了弱相互作用（β衰变）的费米理论，负责设计建造了世界首座自持续链式裂变核反应堆。他还是曼哈顿计划的主要领导者。以他的名字命名的有费米黄金定则、费米—狄拉克统计、费米子、费米面等。

国的冯·布劳恩[1]的巨大贡献。就是在今天，据说美国的高级科技专家中有四分之一是来自外国。中国虽然大多数是汉族，但是民族却有 56 个之多。他们多是在中国本土的民族，不像美国有那么多的远方来的移民。而中国吸收外国人才至少有两个困难。第一，语言上的困难，的确，掌握中国的语言不容易；第二，中国的生活水准、实验室条件的提高还需要时间。近几年中国留学生回来的越来越多，吸引力就是中国人共同的振兴祖国的梦。

多：因为您有从事科学工作的背景，善于通过许多数据，说明明显可见的成果。比如说让 4 亿人脱困，比如说 GDP 翻两番，或者多少高楼大厦鳞次栉比、拔地而起。关键问题不是可见的现代化，以及可以用数字和事实证明的东西，而是西方思想所包含的某种自由，至今尚未在中国看到。但是你们在朝正确的方向迈进，西方许多科学家或许会争辩说，中国只是一个实现个人部分梦想的地方而非全部梦想的归宿。

赵：一个国家的梦必须由全体民众的梦组成，脱离了多数民众的梦，国家的梦就成了空中楼阁，必然是不能实现的梦。从 20 世纪初就开始的中华民族争取自立于世界民族之林的斗争，就是争取民主和自由的斗争。民主和自由的实现是一个过程。我前面已经讲过，"中国模式"或"中国案例"处于现在进行时，它还在发展中，它遇到的很多困难，还在设法克服之中，还远远没有完成。中国的确

---

① 沃纳·冯·布劳恩（Wernher von Braun，1912—1977），美籍德裔火箭专家，20 世纪航天事业的先驱之一。曾是著名的 V1 和 V2 火箭的总设计师。纳粹德国战败后，美国将他和他的设计小组带到了美国。移居美国后任美国国家航空航天局的空间研究开发项目的主设计师，主持设计了阿波罗 4 号的运载火箭土星 5 号。

无意去传播自己的“模式”。

多：我看这儿有些矛盾，一方面你们想要并寻求世界对你们的承认，可另一方面您又说你们并不想成为一种模式。可能这只是对“模式”一词产生的语言问题而已。但是如果我们要承认某事、某人或者某个国家，我们也要看看这个人或国家有哪些我们能够学习的东西，某种我们能够作为模式的东西，用以改善我们周围的事物。

赵：是的，您指出了语言问题。早年英国剑桥大学的语言学家瑞恰慈[①]就发现，在人文社会科学领域，“很严肃的讨论，每每变成字眼之争”。对同一词汇，不同学者（更何况加之不同的语言）在不同意义层面上的使用会造成含混和焦点模糊。他提出“语义学”（semasiology，或可译为“符号学”）应当列入人文社会科学的基础学科。新的时代，新的词汇层出不穷，对词义的理解趋于一致需要时间。[②]

中国模式与西方模式的区别

奈：刚才您提到了“中国模式”还是一个过程，那么在塑造“中国模式”的过程当中，我们会看到更多领导层和普通民众之间的互动。一方面我们会看到中国领导层越来越成熟，对自己的成就越来越自信，对老百姓的支持越来越自信。从人民的角度讲，他们也

① 瑞恰慈（I. A. Richards，1893—1979），英国剑桥大学、美国哈佛大学教授，英国重要的理论家、文学批评家，著有《文学批评原理》、《美学原理》等。他的批评理论对欧美的文学批评尤其是新批评派具有深远的影响。

② 参见徐葆耕编《瑞恰慈：科学与诗》，清华大学出版社2003年1月版。

越来越成熟，他们能够看到他们对中国的决策有更大的影响力。但是我认为现在缺乏的是，怎么样用一种更透明的方式让大家来理解中国模式和西方模式相比有什么优势。因为就现在的中国年轻人而言，他们不光是把中国的现在和中国的过去相比，还和西方模式相对比。我们也经常和中国年轻人对话，发现他们渴望决策有更多的透明度，想了解为什么作出这个决策。另外，中国对于自己过去的历史应该采取一种更加开放的态度。

赵：我最欣赏的就是你们在新书中提到的自上而下和自下而上的垂直的民主。从另一个角度来看就是“协商式的民主”。如何把它进一步做好，我们要做更多的努力，其中之一就是增强透明度。一个政策决策前要有透明度。而在政策的执行、执行的结果方面也要有透明度，这样才能改善我们的政策及其执行过程和结果。比如说，交通法规的出台，就事先开了听证会，并在网上进行了讨论。最近对于汉字字体的某些结构，专门机构提出了要予以改进的方案，没想到遭到了绝大多数人的反对，因此不能正式颁布。在执行过程中也会有问题，比如土地动迁，在各省各地、城市农村，情况极其复杂、极不一样，因此动迁法规如何改善需要进一步讨论。这种透明度在媒体，尤其是网络的帮助下，正日益增强。

和西方相比，我们没有为了竞选而花费全国纳税人的物力、人力、财力和时间。中国政府的稳定性使他们所考虑的事情比起某些国家频繁更换的内阁来要长远，要更负责。中国愿意说 5 年、50 年后如何，而一些国家的内阁只能说说 5 个月、1 年后如何。这就是区别。因此，中国的发展规划是有战略性的，政府必须有责任感。

当然也有缺点，比如：如何对执政党和政府有更好的监督？如何克服不断发生的腐败？这是摆在执政党面前的一个挑战。

但是我们不回避这个问题。我们会从以下几个方面做出努力：一、严惩已发生的违法行为；二、改善、加强现有的监督机制；三、更加透明化。我们既做历史性的纵向观察，也做世界性的横向比较。毫无疑问，比较是认识问题的重要方法。

多：还是回到民主的话题。您刚才讲的不仅是很好地帮助西方了解中国的例子，实际上对中国人更好地了解自己也很有效。我们的建议是：中国不仅需要向外部世界推销中国，也要向内部——中国人自己进行推销。

我昨天曾和一个中国年轻人聊天，我问他："你怎么看待中国的体制？"他马上说："不自由。"然后我就给他画了一个图，中国模式与西方民主的对比，西方有党派，有 A 党有 B 党。他马上就说："那好啊，可以自由选择了。"然后我就告诉他，选择是要付出代价的，因为两个党派之间会相互攻讦、相互掣肘、相互指责。这样可能会带来许多负面的结果。

实际上，即使在中国，也有许多人不知道中国这套体制给中国人民带来的种种好处。它好就好在认准了就能够大胆地向前走，不争论，不耗费时间。这就和我们写书一样，我们两人要是彼此相争不下，可能这书就写不出来了。所以说中国的这套体制是一个很高效的体制。大家如果能和谐相处，就会有很高的产出。

奈：我们应该提一下那个年轻人最后说的一句话，他说："如果你认为自己一贯正确，你还要学什么呢？"所以我想，中国领导人应该给人这样一种印象，就是说不一定永远正确，但总是在尽全力为人民谋福利。给人们这样一种印象就可以了。即使犯了错误也是可以理解的，因为你的愿望是好的。如果能够达成这种共识，那我觉得这个基础就比西方的民主更好。

赵：这是很有说服力的见解，不仅对年轻人是有效的，对我也有某种启发。从中国的历史背景和中国的现实状态看，中国适合这种特色的社会主义制度。西方的制度或其他类型的制度都是各自的选择。

我们来回顾一下历史，在某些特殊的历史时期，两党制或多党制下的选举实际上没有起到民主理想的效果，而成了满足选民民主要求的安慰剂。一个例子发生在 20 世纪 30 年代，德国选举了兴登堡①为总统，他曾是第一次世界大战时期的将军。他在开总统会议的时候会突然说出与一战战局有关的话，说他的军团要调到哪里去，大家很吃惊；但是希特勒很高兴，因为兴登堡完全可以被他控制。这样的事就算历史上偶尔发生一次，代价也是很大的，即使几十年或 100 年发生一次，代价也是很大的。这并不意味着我反对别的国家的两党制，我不是别的国家的选民，我只是说它不适合中国。

至于中国的执政党——中国共产党对自己历史上所犯的错误，不仅勇于承认，还多次以党的决议的方式分析了产生错误的主观因素和社会原因并公布于众，曾公开发表过《关于建国以来党的若干

---

① 保罗·冯·兴登堡（Paul von Hindenburg，1847—1934），第一次世界大战期间德国元帅，魏玛共和国（1925—1934）第二任总统。其任期内，政治不稳定，经济萧条，1933 年他任命希特勒为总理，使之上台掌权。

历史问题的决议》[①]。

奈：看看一些个别的案例我们几乎就能证明事情的正确与否。虽然印度被称为世界上最大的民主国家（对此我们还有几个理由要提出质疑，但这是另一回事），可是中国人民在经济上境况更好。如果你不能使你的孩子们吃上饭，选举对你而言又有多少意义呢？

多：依我们看，中国体制里危险性较大的唯一问题是，如果领导层不好，那是非常糟糕的。如果某党在横向民主国家里治理糟糕，它在下一次选举时就会落选。但是，有人向我们解释，中国人是在更大的层面上，在历史的具体环境里看问题。如果体制不好，它最终会被淘汰。我们大家都同意"中国模式"是一个进行中的模式，它展现的成果是毫无疑问的。但在商业中，对于好的东西的记忆是短暂的，重要的是现在。

赵："文化大革命"是中国共产党犯严重错误的一个例子和重大教训，如何防止重犯这类错误，是中国共产党建设中的重要课题。事实上，中国的政党制度严格地说是中国共产党领导下的多党合作制。就是说还有一些党不仅参政，而且对共产党进行民主监督是他们的一项重要职能。更重要的是，任何一个社会制度，如果它脱离

---

① 1981年6月，中国共产党的十一届六中全会审议通过了《关于建国以来党的若干历史问题的决议》。决议运用马克思主义的辩证唯物主义和历史唯物主义，对建国后32年来党的历史上的重大事件特别是"文化大革命"，作了正确的总结，科学地分析了党在指导思想方面的正确与错误，分析了产生错误的主观因素和社会历史原因；对党的一些负责同志的功过是非作了正确、公正的评价；实事求是地评价和肯定了毛泽东在中国革命和建设历史上的地位，充分论述了毛泽东思想作为我们党的指导思想的伟大意义。

这一决议和1945年的《关于若干历史问题的决议》一起，被认为是中国共产党建党以来两个最为重要、最为权威的内部历史文献，都起到了对有争议的党内历史问题作出结论、全面总结党的历史经验、统一全党思想、对未来发展提供指导理论等一系列重大作用。

了人民的支持，那这个制度一定会失败。这是人类历史已经证明了的，未来也将如此。

多：从长远来说，确实如此。但短期来看，有时候不是这样。

赵：换句话说，有什么样的国民，就有什么样的政府。如果国民有做主人的意识，他就不会容忍一个不符合人民意愿的政府。这应当是一个真理。

奈：我们认为现在的“中国模式”恰得其所，刚刚开始，有很长的一段路要走，至今所有的指标都是中期的。我看好“中国模式”有利于中国的继续发展，是因为它获得了中国公民的极为广泛的支持，因为它杰出的、前所未有的成功。没有理由来臆断“中国模式”在短期或者中期之后，当人民自己变得更加成熟时，不再进一步发展并变得更加成熟。“中国模式”要接近完善还需要很长时间，但是未来成功的方向已经牢牢地确立了。

第二部分

关于世界对中国的认识

中国走到了世界舞台的中心

要经常向邻居讲真实的故事

寻找共同感兴趣的话题

不要另眼看待另一种文化

讲中国负面的故事，有媒体本身的商业目的

中国走到了世界舞台的中心

赵：前面我们曾经谈及西方媒体，他们认识中国往往沿着一个习惯的方向，所以容易导致观点不准确。你们认为认识中国不准确的原因还有哪些？其中也包括中国的问题。

奈：我想说一个最实在的、最根本的真实情况：在其他国家，很多普通人对中国并不感兴趣。你可以设想一下，比如说他生活在奥地利、瑞士或者住在美国的得克萨斯州或加利福尼亚州，对普通人来讲，他最关注的实际上是生活中最迫切的和最感兴趣的那些问题，像家庭的问题——他可能要还房屋的贷款，像体育新闻。他最关心的总是他身边发生的一些对他产生直接影响的事情。你要对一些新的东西感兴趣，或者对其他国家感兴趣，一定要有特殊的理由才行。而一般人的兴趣不会特别广泛。也许会有20个，或者在20至40个之间。当然，与此同时，我们必须指出，这些年，随着中国政治、经济的发展、变化，中国变得越来越重要了，其他国家的人也会对中国越来越有兴趣。但是，仍旧不是所有的人都对中国有兴趣。所以这也许就是我们的一个起点，我们怎么从这里开始作出行动。

赵：中国在许多年以前是处于世界舞台的边缘。第二次世界大战后期，在讨论战后问题的时候，如雅尔塔会议，可以有美国、英国、苏联的领袖参加，而中国不能参加，却决定了战后涉及到中国的核心利益问题。但是新中国成立后，特别是最近30年，中国逐渐地从世界舞台的边缘走到了世界舞台的中心，已经成为世界舞台中的一个越来越重要的角色。所以，尽管在普通人当中关心中国的人可能是较少的，但是在政界和传媒界却有很多人大为关注中国了，因为中国发生的事情有的时候往往是关系到世界的事情。

从中国本身来看，在二三十年以前，除了像《人民日报》、《中国日报》这种大报纸，中国一般的报纸上国际新闻和国际评论是很少的，许多中国人也并不关心外国的事情。但是随着中国在世界舞台上的重要性的增加和国际形势变化对中国影响的增加，中国人开始关心外国的事情了。当我们手里没有美元的时候，我们并不关心人民币和美元的比价。但是现在我们许多人手里都有美元了，因此就会关心美元的动态。不过他们关心的角度会有所不同。外国关心中国的人也开始由上至下慢慢在扩展。我想是这样的情况。

多：我不太赞同刚才约翰提到的，说其他国家的人对中国不感兴趣。其实不是他们不感兴趣，而是感兴趣的方式不同。我想打一个很形象的比方。我们可以把世界看做一个大社区。中国原来住在郊区，人们并没有太注意。突然间，中国进入了他们社区的中心。不仅如此，中国这个新邻居还提高了自己的嗓门。于是乎，在这个街区里的邻居就会对你有种种猜疑，他们会窃窃私语，种种流言就会四处流传。有人会说："这个新邻居，丈夫好像在虐待妻子。"又会说："这个家虐待儿童。"在这种流言四起的情况之下，怎样才能让这些邻居知道真相呢？那么，中国作为一个新来的邻居就应该敞开你的大门，邀请周边的邻居到你家来参观，看看你家庭的成员是什么情况，看看你家里的生活情况是怎么样的。这些人看了之后可能会意识到，原来丈夫并没有虐待妻子，也没有压迫或虐待他的小孩。他们只是有点害羞，并没有压迫的事情。这样，你通过和你周边的邻居进行对话，也许能够帮助这些邻居更好地了解你。

要经常向邻居讲真实的故事

奈：我在《高科技·高思维》[①] 一书中也提到了：在任何一个既定的生态系统当中，如果你引进了一个新的物种，这个新的物种会彻底改变原有的生态环境。所以，就像多丽丝提到的，当中国出现在世界社区里时，旧邻居们——已建立的政治强国也开始说闲话。这个新邻居影响越大，闲话也就传得越广泛。

赵：好生动的比喻！中国走到世界舞台中心之后，应当向邻居说明我们将在家里做什么，将对周围环境做什么，需要经常对外表达。七八年以前，中国政府的各部和地方政府没有经常性的新闻发布，现在已经进行了改革。现在他们都会非常及时地向国内和国际通报新的政策或某些新发生的情况。以往我们不太愿意讲故事，或者是讲不好故事，因此给别人先讲中国故事提供了机会。而别人讲的故事可能会失真，我们再去修正也难有效果，“先入为主”，中外都是如此。现在中国也开始经常讲故事了，但一定要讲真实的故事。如果讲不真实的故事就不如不讲，那完全是负面的作用。

中国人即使是讲真实的故事，但可能用的是 Chinglish，是中国

---

① 《高科技·高思维》，约翰·奈斯比特等著，尹萍译，科学出版社 1979 年版。书中对科技发达的现实社会提出了新的预言：人文企业将成为未来亚洲甚至整个世界的发展大趋势；基因工程比电脑业更具震撼力，它可能主宰未来，使人类可能掌握自身进化的过程。

人的思维方式，外国人不懂。中国有一个很感人的反抗封建压迫的爱情故事“梁山伯与祝英台”，但是如果用原来只在江浙一带流行的越剧去演唱的话，到了北京人们就听不懂了，到了外国更不易理解。后来，把梁山伯与祝英台的故事用小提琴协奏曲来表达，成功了，这个“梁山伯与祝英台”就流传到国外了。

寻找共同感兴趣的话题

多：我刚才提到怎么样来沟通和理解。我又想到了一幅新的图景。比如说在北极附近居住的爱斯基摩人，因为他们生活在冰天雪地的世界，所以他们描绘雪的词特别多，比如说有 30 个词来描绘雪。再比如说，在非洲沙漠里有一个部落，他们生活在沙漠环境中，他们可能有 30 个不同的词来描述沙子或者石头。当爱斯基摩人和非洲沙漠部落的人遇到一起的时候，他们就很难沟通。爱斯基摩人脑海里想到的是冰天雪地的情形，而非洲沙漠部落里的人想到的是一片沙漠，一片荒芜。他们想到的是不同的图景。在这种情况下，要打破这种交流上的障碍，就要寻找一个他们能够共同感兴趣的话题，比如说，食物和水。因为不论谁到了一个新的环境，都要去寻找食物和水。要寻找他们能够共同理解的话题。

赵：如果在大学里讨论这个问题，我们的学生一定会很感兴趣，就会深究“语境”（context）的内涵。实际上，中国人用的词汇和西方人用的词汇有一部分的解释是完全相同的，如物质名词：原子、分子、桌子、椅子。但是只要和思维有关，和人的感情有关，那可就相差较远了。比如说黑格尔的《历史哲学》[①]，他原来是用德文写的，该书的英译者在他的前言中特别强调德文和英文的差异，比如说智力、意志、精神这些词都不能一一对应，因此他说，我尽了最大的努力，但英文版和德文版还是有区别的，英译本是穿上英国衣服的《历史哲学》。实际上，德文和英文比起德文和法文等语言还是比较接近的。即使这样接近的语言，翻译起来都有难以逾越的困难。由此可以想见，由于中文和西方语言的巨大差异，在文化上、语言上的不可翻译性的存在，中国人和西方人对话会显得尤其困难。

多：我百分之百赞同您的观点。有位哲学家曾经说过：人们好像有一种惯性，并不想去认识新的事物，而往往是根据自己已知的来判断事物，根据他已有的观念来作出判断，而不是重新去掌握新的知识。

赵：确实，温故而不去知新，应当是认识过程中必须避免的偏差。实际上，中国人用的字典和美国人、欧洲人用的字典有很多解释是不一样的。比如说“市场经济”。在30年前，中国人认为它是属于资本主义的，是一种落后的经济制度。但是现在不同了，在中国现在的字典里的解释变化了，由此也使中国人理解资本主义更多一些。又如，马克斯·韦伯的《新教伦理与资本主义精神》[②]，（奈插话：是一本很好的书。）以前，我们不大读这样的书。现在，中国在邓小平的指引下开始采取了许多市场经济的做法，实际上我们改

---

① 《历史哲学》，黑格尔著，王造时译，上海书店出版社2006年版。

② 马克斯·韦伯（Max Weber，1864—1920），德国政治经济学家和社会学家，被公认为现代社会学和公共行政学最重要的创始人之一。《新教伦理与资本主义精神》认为，宗教的影响是造成东西方文化发展差距的主要原因，并且强调新教伦理在资本主义、官僚制度和法律权威的发展上所扮演的重要角色。

变了在30年前对市场经济的定义。

奈：我还想举一个例子。差不多在一年前，就是2008年的时候，我在天津大学给一些学生做报告。当时很明显全球金融问题已经越来越严重了，金融危机已经初现端倪了。有一个学生就问我：美国将如何应对这次金融危机？如果和美国20世纪30年代应对大萧条的时候相比，会有什么措施？当时我沉思了一下，然后说："可能会采用一些社会主义的做法。"比如说向企业注资，这是采用社会主义的做法。简单地说，中国现在实行的是有中国特色的市场经济，美国实行的是有美国特色的社会主义。

中国在向前发展，而美国也在以自己的方式向前发展。也许会有交汇的地方。

不要另眼看待另一种文化

赵：中国和西方世界的沟通，刚才说过是跨文化的沟通，才有好的效果。中国人需要有跨文化交流的本领，西方人也要有跨文化交流的本领，都不要另眼看待另一种文化，这样就容易了解对方的真实的情况，包括真实的心理、真实的思想。

要逐步减少跨文化交流的困难，就得克服思维的惯性。比如说对中国的看法，由于中国的执政党是共产党，因此许多西方政治家摆脱不了冷战思维，这个思维的衰减确实是很慢的，甚至会以当初观察斯大林和杜鲁门时代的观点来观察今天的中国，不可避免地是错误的。

这种意识形态的鸿沟会使人产生偏见。我曾经和一位美国著名的犹太人组织的领袖有过一次对话。我说，我很钦佩两个犹太人，一个是马克思，一个是爱因斯坦。他回答我，您只说对了一半。也就是说，很多其他民族的人至少认为马克思是一位伟大的思想家，但是他作为同胞，却不承认马克思。这完全是由于意识形态的差异而否定了自己民族的杰出代表。

奈：这个故事很有趣。我还是第一次听说。

多：我们的讨论已经渐入佳境，已经逐渐深入，我还想回到我前面提到的邻居的例子。一个邻居搬入一个新的街区的时候，周边的邻居就会散布很多关于这个新邻居的种种谣言，也许有很多邻居先入为主地接受这些谣言，日后才会发现事情的真相。而这个新搬入的邻居可能也有一些历史包袱，应该如何来面对？我认为有两种方法：一种当然是报喜不报忧，你只说你光彩的一面，不说你过去的那些事情。还有一种是坦诚面对：我有很多有光彩的地方，但也有一些不光彩的事情。当然了，这样做也并不容易。比如说奥地利，从二战期间德国纳粹的历史中走出来，整整花了50年的时间，才坦然地面对了它的这段不光彩的历史。但是，现在周边的邻居就要求这个新邻居立刻坦白一切，而这个新邻居可能需要一段时间来消化自己家庭内部的历史。

赵：这使我想起了孔夫子的一句话："德不孤，必有邻。"[①] 中国人相信如果自己品行好，就一定能得到邻居的理解，有好的邻里关系。

奥地利人很正确地认识自己的那段历史之后，会给奥地利带来新的荣誉。中国有一句话叫"放下包袱，继续前进"。德国人和奥地

① 语出《论语·里仁》。

利人有时也会幽默地说：希特勒不是我们国家的，而贝多芬是我们国家的。

您喜欢用邻居的例子，我把它再发挥一下。在一个社区内，某一个家庭有内部矛盾，也许要离婚了。这时候，让这个家庭团结起来的办法就是去和邻居吵架。当和邻居有冲突的时候，这个家庭的内部矛盾就消失了。在美国，这次金融危机发生以后，有两位金融界重要的人物说，都怨中国人，因为他们买了美国太多的国债，让美国人觉得自己有钱，因此无度地花钱。因此，当家庭内部有了矛盾的时候，就去骂邻居，这是个解决问题的好办法。(奈大笑)

多：苏联解体之后，美国人就失去了他们过去的敌人，就没有靶子了。

奈：我曾经私下里会见过一个俄罗斯官员，他提到，在莫斯科，戈尔巴乔夫曾经对一位美国人说："我们将对你们做一件很可怕的事情，就是我们会拿掉你们的敌人，我们会让你们失去靶子，失去敌人。"因为苏联解体之后，美国就没有它既定的敌人了。你就不能再把你的错误推卸到苏联的头上了，失去了替罪羊，没有靶子了。

讲中国负面的故事，有媒体本身的商业目的

赵：不能正确地认识中国，并且讲中国负面的故事，有媒体本身的商业目的。因为讲危言耸听的故事报纸容易卖，这样呢，也会培养自己的读者——喜欢看中国负面故事的读者。而这个媒体呢，

就进一步刊载关于中国的负面报道。媒体在培养自己的读者，而读者也在培养这个媒体。就像现在日本的几个大的照相机厂商，如佳能和尼康。他们不断地说，数码照相机的像素，10 万的不好，100 万的好，于是大家抛弃了 10 万的，买了 100 万的。这时候他们又告诉大家，1000 万的更好，因此大家又要求他们生产 1000 万的。可能照相机厂商这样说并没有错，他们也由此不断获得了利益。我觉得有些西方媒体就是因为商业利益而喜欢登一些耸人听闻的消息，以吸引更多的读者。但是他们和照相机厂商不同，他们的消息和评论不客观、不公正。

奈：我有一点不太赞同，就是那些西方媒体通过所谓的敲打中国就能牟利。从理论上看，这可能是一个挺好的观点，而且肯定也会有一些人同意，但是我不太赞同这个观点。我认为那些西方媒体若真的想赢利，其赢利的核心就是制造耸人听闻的新闻，不管是关于名人的，还是关于国家的，只有耸人听闻的、听起来不同寻常的、有些近乎疯狂的内容才能引起读者的兴趣。比如说像过去发生的中国生产有质量问题的玩具的事件，因为中国是世界上最大的玩具制造商，所以这个问题大家都很关注。像美国的好莱坞和其他的一些商业行为，他们都会重点关注新闻是否耸人听闻，因为只有相关的报道耸人听闻，才能给他带来商业利益，当然这当中会包含一些关于中国的耸人听闻的话题。

赵：您说您不赞成我的观点，我很高兴，因为我们的对话如果没有冲突就不精彩，但您后面的解释似乎和我接近。（与奈一起大笑）

人只有凭借自己的能力或努力来赢得尊重

赵：刚才主持人递给我一个条子，说约翰和我年纪大了，需要休息了。让我休息我很高兴，但不要说我们两个年纪大了。

我感觉我们两个人的精力不比他们两个人（指多丽丝和翻译张洪斌先生）差。你们觉得呢？

多：年龄不是问题，你们俩看起来非常有活力。我看大家都不在意我们的年龄。

赵：在中国，年纪大的人往往更受尊重。在奥地利是不是这样？

多：在奥地利，对那些年长者的尊敬程度并不是特别高，而且那些年长者并不拥有太多的优势，并不是说你的年龄增长了，你的智慧也就增长了。当然也有很多愚蠢的年轻人，也有很多不那么明智、不那么智慧、不那么聪明的年长者。在对待上了年纪的老人时，人们可能会稍微有礼貌或者温和点。但是你并不能够因为比他人年长几岁就能获得更多信誉。

赵：奈斯比特先生恐怕不会表示赞同吧？他可能会认为年长者往往有更多的智慧。

奈：实际上，我还是赞同多丽丝的观点。也就是说，我认为人只有凭借自己的能力或努力来赢得尊重，不是说你年纪大了就能自然地获得尊重，你要去赢得别人的尊重。

赵：是这样，年纪大了，也不能倚老卖老。当然，年长者受尊重也还由于他们曾经对社会作出了贡献。我们的观点接近统一了。

第三部分

如何讲好中国的故事

用崭新的语言讲述中国的故事
「终于有人向我们讲述了中国的真相」
中国哲学和西方哲学应该互相补充
共同推销中国这个产品

用崭新的语言讲述中国的故事

奈：我们前面提到，中国应该更好地把自己的故事说给世界。那么怎样才能把中国的故事说得更好呢？我有一个想法，但还不是很确定。我觉得中国应该培养更多讲故事的人，通过更多、更好地讲故事的人向世界讲述中国的故事。为了实现这个目标，中国也应该变得更加透明，应该欢迎更多的外国人到中国来访问，应该鼓励更多的外国朋友来介绍中国。我不是说只靠中国人自己来讲自己的故事，而是要让外国人来讲述中国的故事，把中国的信息传递出去。

赵：我完全接受您的建议。外国人要讲中国的故事，得有中国人——就像您的助理张海花这样的人——来告诉他一些中国的情况。现在能够和外国人非常流畅地沟通的中国人也不是很多。我现在是中国最好的大学之一——中国人民大学新闻学院的院长。我在培养学生，让他们学会讲中国的故事的本领，包括与外国人沟通的能力。我想邀请您和夫人一起，在方便的时候去那儿，给几百、上千的中国年轻的大学生们讲一课，一定会引起轰动。

奈：好啊，我们很愿意去。

我知道人民大学是中国很棒的一所大学，也知道您在这所大学的新闻学院做得非常好。我非常愿意去人民大学作讲演。

对于中国人来讲，要讲述自身的故事，就面临一些困局。比如说从语言上来讲，如果你还是用一些旧的词汇来讲述现在的故事，可能你的效果就不一定好，所以你应该跳出旧的词汇，用崭新的语言来讲述中国的故事。

“终于有人向我们讲述了中国的真相”

赵：我昨天送给你们的一本书[①]就是讲中国人在和外国人交往的时候，有时候彼此不能跨越文化鸿沟、文化差异。

这不仅是翻译上的困难，而且是文化上的困难。这需要下很大的工夫。

多：昨天我们看到了德国的媒体对我们新出版的书《中国大趋势》的一些反馈。目前来看，媒体对这本书的看法还是相对客观公正的，而不是带有偏见的、非常负面的评论。就我们收到的这些评论来看，差不多有超过80%的反馈都是比较积极的。说老实话，一开始，我们以为别人会朝我们扔石头。有人发表评论说：“终于有人向我们讲述了中国的真相。”

前不久我们去芬兰的时候会见了芬兰政府的官员，还有芬兰传媒界和商界的人士以及来自美国和芬兰的一些大学的人士，他们对这本书的总体评价都是很好的。从他们那里我们能够感觉到，现在在美国和西方，对于有关中国的真相和信息是非常渴望了解的，所以我们了解中国的列车已经启动了，我们要继续让它走下去。

赵：祝贺你们！也许由外国人写的真实、深刻地说明和评论今

---

① 指《在同一世界——面对外国人101题》，赵启正著，辽宁教育出版社2007年版。

日中国的德文书，这是第一本。

中国哲学和西方哲学应该互相补充

赵： 奈斯比特先生听到我下面的话可能会不太高兴。中国人对德国人还是很看重的，也许是因为德国的哲学家出得太多了，而中国人又喜欢哲学。因此我感觉德国有较高文化的人都像哲学家。您不会不高兴吧？

奈： 我同意，德国确实有悠久的哲学传统。

赵： 我这里说的德国人是指说德语的人，包括说德语的奥地利人。语言本身是文化，也是最重要的文化载体。

多： 哦，非常感谢！

奈： 我也想说，美国历史上产生的世界级的哲学家少之又少。我也不知道为什么，但的确就是这样。

赵： 美国人经常会说，我们只有200多年的历史。我觉得不能这样说，其实它继承了欧洲的文化。可是，它没有继承全部的欧洲传统，主要是继承了马丁·路德①的新教的精神。马克斯·韦伯说，因此它的资本主义就发展得很快。一般说来，过于强调实用主义的文化，往往忽略哲学，这不仅在美国是这样，其他国家也是如此。

奈： 中国在历史上曾经诞生了很多伟大的哲学家，而且中国还继承了自己的哲学传统，即使在当代也有不少很出色的哲学家。

---

① 马丁·路德（Martin Luther，1483—1546），16世纪欧洲宗教改革倡导者，新教路德宗创始人。

赵：中国哲学和西方哲学——以希腊哲学为起源的西方哲学——二者相比还是有一些区别的。它们可以说是互相补充。西方哲学比较倾向于思辨，所以对思考自然科学非常有意义。中国哲学比较面向伦理，因此注重的是人和自然的和谐相处。两种哲学应该互相补充。

美国不是没有哲学，而是缺少哲学家把它们提炼出来。比如美国人的创新精神在世界上是遥遥领先的。它可以率先登月，它可以第二次再登月，它还可以探测火星。这只有美国做得到，而产生这样的行为也是有哲学思想作基础的。可惜的是没有人把它们提炼出来。奈斯比特先生，以后您如果搞美国哲学的话，会有很大的成就。那将是第二次成功。

奈：（笑）您这是给我布置任务吗？

赵：我觉得既然您指出了有这样的空白点，您应该当仁不让地去补充。因为您不仅知道美国的事情，知道欧洲的事情，还知道中国的事情。只有这样比较之后，才能成为哲学家。没有比较，出现不了哲学家。

共同推销中国这个产品

奈：我们回到中国的当代来看一下。邓小平先生，他可能不是一个哲学家，不是一个诗人，也不是一个理想主义者，他是一个伟大的实干家。但是他能把这些哲学的普遍原则用非常形象的说法表达出来。他在提到中国建设的模式的时候，用了一句非常富有哲学含义的话来描述，那就是“摸着石头过河”。因为你来到一条你从来没有渡过的河流边，你要想成功地到达彼岸，实现美好的未来，你所能做的就是“摸着石头过河”。我想，邓小平在提出这句话时，里面是富有哲学思想的，因为他深知，他提出这句话能够得到广大中国民众的呼应。

多：这倒给了我启发。以后我和约翰的分工就会更明确了。约翰在家里是一个哲学家，而我是一名推销员，我们现在要做的工作就是推销中国这个产品。约翰的工作是在理论上描述、划定中国这个产品在道德方面的价值，而我则是去发掘中国这个产品的实用价值，我们两人共同合作来推销中国这个产品。

赵：匹配得这么好的家庭令我们羡慕，但不会嫉妒。

刚才有一句话我没有呼应您。您说，要创造新的名词描写新的事情。

因为中国汉字结构的特别，不如拼音文字创造新词那么容易。美国就很善于创造新词。我举个例子，美国对中国的政策被美国一个著名的智库[①]概括为congagement，就是containment + engagement，产生了一个新词。我问过一位美国政要，他说这个新词的意思是“遏制性接触”[②]。我看这个新词所表达的意思就好比是自动

① 智库又称智囊团，是一个对政治、商业或军事等政策进行调查、分析及研究的机构，通常独立于政府或政党，不少与军事、实验室、商业机构或大学等有联系，部分以“研究所”作为名称。

② 或译为“围堵性接触”，这是一种介于“围堵”和“接触”之间的战略。这种理论提出后，经美国一些战略研究机构的研究和论证，已经比较系统化。其大致内容是：在努力推动中国和世界经济体系的整合的同时不放弃使用政治甚至军事的方法来遏制中国，避免中国对美国构成任何形式的威胁。

挡汽车的刹车，踩下去就遏制，抬起来就接触，这是由美国的利益来决定的。而 congagement 应该怎么译成一个简明的中国名词呢？要费些思考。

在对话中，随着我们兴趣的变化，话题会有所转移。就像我在给你们的电子邮件中所说，我们如同在游览一个大花园，随着我们的心情和风光的不同，走到我们高兴去的地方。

你们去过颐和园吧？那里有长廊、有假山、有屏风、有树林，我们走到哪里去呢？我们随心所欲。

奈：好啊，那我们来谈一谈西藏？

赵：好主意！

把西藏的真相告诉世界

奈：中国的经济发展过程是相当透明的，但是涉及到其他领域时，如涉及到西藏和少数民族问题时，就不是这样了。比如说你们在西藏新建了一所学校，这本来是件很好的事情，但是西方媒体不报道这样的事情，他们会报道说西藏发生了一场骚乱，你们去镇压藏民了。所以西方人很可能会认为，你们的经济发展的确取得了很大的成就，但是中国政府是不是在压迫她的人民呢？中国是不是没有人权啊？西藏人民是不是受到了压迫？在这一方面需要您为我提供一些资源，一些有理有据的证据来帮助我去做这方面的工作，因为我们对西藏的历史知之甚少。但即使通过我们有限的知识，我们也知道西藏真正的历史和西方人想象的有很大的不同。您要给我们提供一些西藏地区真实的状况，以便我们去和西方人解释。否则他们一报道就是西藏的骚乱，或者是乌鲁木齐“7·5”之类的事件。

赵：的确，西方对西藏或新疆问题的理解有很多的偏差，除了西方媒体报道的严重失真外，中国也有责任。中国以往在报道这些问题时有时不及时，透明度也不够。我在担任中国国务院新闻办公室主任期间，我们做了一件很重要的事，就是在中国中央政府的各部委、省、自治区、直辖市普遍建立了新闻发布制度。如果我们不说出真相，人家就只能猜测，人家就只能采访那些对中国不满意的人，甚至给歪曲报道提供了时间。而由此造成的一种印象，由于是先入为主，以后很难纠正。

假如当时西藏的“拉萨事件”发生时有众多外国记者在场，就会使世界更多地了解那里的真相，但遗憾的是，当时外国记者没有机会去那里现场采访。而这次在乌鲁木齐就做了改进，允许外国记者自由采访，因此这次的报道就比上次报道更接近真实。

以西藏为例，德国有一家很著名的杂志《明星周刊》，它刊登了一篇长文章，说西方人对西藏的认识有以下几点：一、西藏是像香格里拉那样的地方；二、西藏在20世纪50年代初被中国军队占领；三、达赖喇嘛是西藏人民的领袖，是一个宗教家。说西藏是像香格里拉那样的地方是对的，它确实很美丽。但西藏绝不是20世纪50年代初被中国军队占领的，它在800年前，从13世纪开始，中国当时是元朝，就已纳入中国版图。而达赖喇嘛也绝不是单纯的宗教领袖，他是一个分裂主义者。他有的演说好像是在讲佛学，有的演说则是攻击我们的西藏政策，他支持“台独”和“疆独”势力，他全部活动的核心问题就是要分裂中国。他想要建立的“大藏区”相当于中国四分之一的领土。

我认为要深入地了解和研究西藏，最好的方法是到那里进行调查研究，和许多人面对面地交谈。

多：刚才您已经解释了中方的观点，我们也有去那里的打算。我也读过德国《明星周刊》发表的那篇文章，这可能是很长时间以来在西方发表的第一篇揭开达赖神秘面纱的文章。它告诉了很多人西藏的真相，比如说很多人在这之前都认为西藏在中国军队进驻之前是一个乐园，实际上不是这样的。这篇文章的确帮助大家澄清了对西藏的许多不良认识，当然在文章结尾时作者也发表了一些平衡性的意见，一般西方作者都会这样。

但是我在想的是这样一个问题，这个观点也是斯坦福大学的一位教授，一个来自中国台湾的人提出的。他对我评论说，中国在公共关系这方面，如何与达赖相抗衡？他是一个永远满脸堆笑的人，在世界各地游说。在这场公共关系的抗争当中，你很难战胜他，而且他不用去证明什么。就像一个国家的反对党，可以凭空允诺很多，说他可以做这个做那个，可以给选民带来很多好处。但是他没有上台，根本没有机会去证明他的那套方法其实是行不通的。达赖也是这样，他只要空口许诺就行了，不用去证明什么，但是这样反倒能打动他的那些观众。

目前的事实是，达赖在世界上很多国家博得了同情。很多时候达赖的做法就像西班牙斗牛士，他每到一个地方，总挥动一面红色的布，之后牛就冲过来了，去攻击他。就是说达赖每到一个地方活动，中国都要挥舞着剑过来批判他，反击他的挑衅。这样，其他国家就会说：你看，这不是证明了吗？你们一直都不放过他。这样的做法是被动反应式的，就像是两个人的游戏，一个人总是先出招，另一个人总是被动地去应对，就等于中了他的圈套。与其这样，还不如索性你们来主动出击，把西藏的历史文化，包括达赖本身的真相主动地告诉世界各地的人民。

还有一点，就是通过对话去打倒他。比如说前面提到所谓“大藏区”的问题。曾经有记者在采访达赖的时候，问到很尖锐的问题：达赖你说要把西藏还给西藏人民，你不是又要搞所谓的“大藏区”吗？“大藏区”很多地方都是中国其他省的领土，你是不是要把那么大一块地方都还给所谓的西藏人民？这是什么含义？这等于对达赖的“大藏区”理论提出了质疑。达赖碰到这个问题之后无言以对，只好顾左右而言他，他无法直接面对这样的问题。所以我觉得除了前面提到的办法外，有时候还可以直接和他对话，把事情放在台面上，这样更能揭露他。

赵：达赖在公共关系上做得“成功”的一个重要原因是得到了某些势力的支持。他到处游说，鼓吹“藏独”是他的公关活动的唯一目的。他的演说的题目往往是“以慈悲为怀”，或者是“什么是幸福”之类。他并没有以政治开头，而是把政治放在了后面。当人们喜欢达赖的时候，就喜欢了他的主张，就中了他的圈套。他的做法是很巧妙的。

我特别惊喜的是，你和我在不同的地方，读了同一篇《明星周刊》的文章。

实际上我们在西藏实行的是双语教育，为了保护西藏语言的发展，特别分别建立了藏语学校和汉语学校。而在藏语学校，汉语就是作为第二语言来学习的。但事实上，有些藏族家长并不希望自己的孩子上藏语学校，而是希望孩子上汉语学校，掌握流利的汉语，这样会让他们在西藏之外的交流包括工作都更方便。而且，在教学中如果完全用藏语，在讲科学课程的时候是有困难的，中国的学校在20世纪50年代以前讲数学、物理、化学时往往也要用英语讲授。现在这已经没有问题了。这些科技词汇在汉语中已经健全了。我们曾在巴黎举办过文化展览，把汉语和藏语两种教科书都展览出来了。法国人说，太好了，这在很多国家做不到，这要多少成本？课本都是两套，老师要两套。所以学习汉语并不能说是同化，藏族家长想让自己的孩子上汉语学校，就像北京、上海和其他一些大城市的学生家长愿意让孩子上英语学校一样。

奈：您刚才讲的西藏的故事，我们能理解，但是你们没有向全世界讲好西藏的故事。应该说我们已经被中国说服了，所以我们在《中国大趋势》这本书里也提到了西藏问题。

你们现在面对的是达赖喇嘛，他是你们的对手。多丽丝其实多年前也和达赖本人接触过，看起来他并非一个不可战胜的巨人，但在公关宣传方面，他做得更聪明一些。实际上中华民族是非常聪明的民族，在西藏问题上拥有比达赖喇嘛更多、更好的故事，怎么反而很多次都让他占了上风？我觉得在这上面还是需要做出更多的努力，不能让他占上风。

赵：我们也应该反省我们的对外表达方面的问题，的确有些地方是可以改进的。关于西藏的故事，其中的大是与大非，我们以为是很清楚的，但是从外人的角度来看，未必清楚，在这一点上我们可能理解得不够。你们二位这次要去西藏，将是一次非常重要的旅行。到那里你们可以直接地、随便地与各种人物交谈，回来后也许还会提出更好的建议。

我想，今后在谈论西藏问题时，除了中国官方的声音和报纸的社论，还应有更多中国的和外国的民间人士参加，比如你们二位。开展公共外交，而不只是政府外交，这样可能有助于更全面、也更真实地讲好西藏的故事。

藏族更关注精神生活

多：我本人对西藏的见解有限。只是根据有限的理解，谈两点看法。

第一点是，在 1950 年以前，宗教阶层——当时西藏上层的教士、僧侣阶层——在西藏还是有很大的影响的。因为当时有超过 90% 的西藏民众是信奉藏传佛教的，这是他们社会精神生活的一个重要的组成部分。当然在中国军队进藏之后，特别是民主改革之后，这些僧侣阶层的人很多就离开了西藏。这样一来，原来支撑精神生活的僧侣阶层就消失了，随之而来的是占总人数 90% 的普通民众的生活得到了改善，农奴得到了解放，他们的生活更好了。但是西藏的这些僧侣流亡到了欧洲，有些到了瑞士，他们发表了种种言论，引起了外界的注意。

第二点是，西藏基本上还是一个以精神生活为基础的社会，藏族可能更关注精神生活。而在实际生活中，比如经济发展方面，汉族可能贡献更大，成就非常突出，这反而可能引起藏族或其他民族的嫉妒。这就带来了一些问题。

赵：您说您对西藏问题的了解很初步，我看您已经有很好的基础了。等这次访问西藏回来之后，您就会成为全面的西藏研究者了。（奈、多大笑）您说的实际生活主要是指与精神生活相对的物质生活，在西藏，藏民的物质生活水平的明显提高是很清楚的。

西方媒体常说“1950 年中国军队占领了西藏”这样的话。我可以接着说，从 1947 年到 1950 年，中国人民解放军还占领了很多地方，包括北京、上海、海南岛，占领了台湾以外的全部中国。从这个角度来说的确是占领了，就是说，占领西藏和占领北京没有区别，占领的都是中国的领土。

多：这个观点，您应该让媒体都知道。

中国看重的是是非的标准

奈：我想，西方一直把西藏问题当做可以敲打中国的棒子，时至今日，一直到本周、到将来，西方会一直这么做，所以要继续想办法解决这个问题。

多：我还想谈一点。不论哪个国家的总统或总理，他都会有这种心理，如果明天就要见达赖喇嘛了，他不希望这时候你告诉他如何如何，不希望你阻止他。这些国家、这些国家的领导人都有自己的主见，不希望你在这个问题上对他们指手画脚。

奈：比如说，2008 年法国总统萨科齐会见达赖的事件，中国可能就是因为萨科齐见了达赖，随之就采取了一系列报复措施，实际上就是一些回应措施。这样做反而让达赖的影响越来越大，反而帮了他的忙。与其这样，还不如冷落他，把他晾在一边。（笑）

赵：如果中国政府不去明确抗议某个国家的领导人接见达赖喇嘛的话，中国民众会有强烈的反响。对萨科齐，人们会说，我们不买法国货，不去法国超市，中国为什么买那么多空中客车？如果中国政府不表示抗议的话，这种反应会更强烈。所以这也是中国政府表达了人民的意愿，可能外国人对此不完全理解。

奈：但要注意，这么做之后，反而助长了达赖的气焰。

赵：其实，随着达赖年龄的增长，他的气焰一直在增长。中国的反对，使得一些国家也得顾及接待他所要付出的代价，也得斟酌接待他的方式。中国人看重的是事情本质的是非，而西方一些人往往以“自由”为借口，认为“见不见达赖是我的自由，你们不能干涉”，由此掩盖了事物的本质的对与错。我们的“干涉”是阻止他们干涉我们的国家的根本利益。两种“干涉”哪个更有理呢？

多：那么谁来定对错的标准？

赵：中国的事情当然应当以中国人的是非观为标准。鼓动西藏独立受危害的是中国，应当尊重中国的话语权。两种观点的冲突其实不必上升到两种世界观的高度去分析，从是否干涉了中国的内政去看，是非就清楚了。

多：中国历史上不乏非常成功的、精彩的制定战略的例子，在对待达赖这个问题上，其实中国也可以制定一个更加高明的战略，做得比他更高明。

赵：过几天你们从西藏回来后一定会有更新的、更深刻的见解。我确信是这样的。

奈：我们会把我们的想法告诉大家。

西藏归来再对话

赵：我第一次去西藏是在10年前，一下飞机看到天之蓝、山之高，印象十分深刻。你们这次西藏之行，亲身体验如何？

奈：中国最令我们迷恋的地方之一就是西藏。我们对于西藏的了解当然不足以对它下结论，但是我们见到了许多不同的人，并且访问了许多地方，所以我们对西藏的第一印象非常好。

赵：在布达拉宫的五座宫顶覆盖着镏金铜瓦，金光灿烂，气势雄伟，不亲眼在近处看看，就难以体会藏族古建筑艺术的精华。

奈：的确如此，令人惊叹！除了布达拉宫，我们还访问了西藏大学、西藏档案馆、大昭寺、拉鲁湿地等处。一眼看去，西藏的现代化自然给我们留下了很深的印象。我们来之前对西藏做过一些研究，如您所知，我们著作中有一小部分是专门关于西藏的，那时候我们已经感觉到自己对西藏所知如此之少，西藏在西方的图画受到如此的歪曲，视角如此单一。

赵：西方造成这幅歪曲的图画用了几十年的时间，歪曲之处在于把达赖喇嘛装扮成了西藏人民的精神领袖，掩盖了他的分裂主义者的政治本质，从而把“达赖问题”变成了“西藏问题”，并将其国际化。没有国际反华势力的支持，达赖自己做不到这一点。

多：中国现在面临两个关于西藏的舆论导向专家：达赖喇嘛和电影《西藏七年》。此外，还有“西藏流亡政府”描绘的图画：有着几乎专一从事宗教的僧尼以及神职人员的一方土地，由无意争夺世俗权力的虔诚的人来统治。

如果普通百姓无意间接受了眼前冠冕堂皇的信息，这也不能过多地责怪他们，因为要更好地了解西藏，就需要对西藏有更深层次的认识。首先，要认识到西藏地域广袤。大多数人都以为西藏地区“很小，但是很重要”，很少有人认识到西藏其实很大。在西方媒体关于西藏的报道中，你看到的只是一座座寺庙，一群群僧人，一个个匍匐朝拜的信徒——还有严肃地板着脸的一个个中国士兵。有着那些图画，西方的公众如何能够质疑达赖喇嘛说的话？

赵：2008 年，拉萨发生“3・14”事件后，西方媒体的大多数报道并没有如实地说明真相，甚至有意地把以往尼泊尔街头喇嘛闹事的照片也移过来当做西藏的照片使用。因为当时人身安全难以保障，就把大多数外国记者请出了西藏，这也失去了由他们见证事件的机会。

2008 年 2 月，我在纽约接受美国 CBS 前主持人唐・诺泽（Dan Rather）采访时，他问我：“我曾采访过达赖喇嘛，他提出中国政府一直在西藏压制宗教，破坏很多宗教设施等，这种情况属实吗?”

我回答唐说：“在‘文革’时期曾发生过一些事情，后来得到了彻底的改正。中国政府不仅修复了庙宇，还花重金按照保护文化遗产的水准采取了措施。如果我今天说，天主教迫害科学家，就要说明是发生在16世纪、17世纪的事，不是今天发生的事，也不能简单地说是天主教，而要说清楚是宗教裁判所干的事情。”唐·诺泽认同了我的观点。我确信，只有通过沟通才能达到彼此的真正了解。

奈：的确如此，正如多丽丝所说，西方几乎无人知道这些情况。自从20世纪60年代以来，西方兴起了一个所谓的“新时代运动”[①]，就是在现有的资本主义生活方式之下，他们想寻求一种其他可以替代的生活方式。于是，他们就很崇拜印度的一些宗教人士，还有西藏的达赖喇嘛，他们想从中寻求一种新的启蒙，有些人还去西藏朝圣，他们把达赖喇嘛神化了。

再比如说美国好莱坞的一些明星，也是达赖喇嘛的拥趸，理查·基尔[②]就很崇拜达赖喇嘛。这样一来，就给达赖喇嘛带来了一些具有全球特征的因素。

赵：在每年举行一次的“中德论坛”上，一位德国有名的产业界领袖也说到过这种情况，他说在欧洲有人甚至把达赖喇嘛看得比罗马教皇还高。这很令我吃惊，我也知道了达赖喇嘛怎么用他的宗

---

① 新时代运动是一场声势浩大的文化寻根运动或思潮，自20世纪六七十年代以来，历经30多年的迅猛发展，从西欧和北美扩展到世界各地，形成风靡全球的反叛现代性的文化寻根大潮。影响所及，在学术、思想、宗教、科学、法律、商务、文学艺术和日常生活等领域都引发出巨大的冲击波。

② 理查·基尔（Richard Tiffany Gere），美国好莱坞巨星，代表作有《美国舞男》、《军官与绅士》、《麻雀变凤凰》等。曾获金球奖喜剧与音乐类最佳男主角奖。

教外衣掩盖其政治野心。

不知道你们是否看过或听说过《西藏一年》这部纪录片。这部片子不是中国人拍的。为了拍这部片子，BBC 的摄制组在西藏住了一年，他们采访了那里的藏族同胞，跟踪他们的真实生活。

2008 年 3 月初，BBC 播出这部片子的第一集后没几天，西藏发生了“3·14”暴力事件，之后，这部片子在西方得到了更多的关注。

这部片子受到了“自由西藏”（Free Tibet）组织的攻击。第一集播出的前一天，他们看了播出预告后说，这部片子“粉饰”了中国政府，“BBC 掉进了中国政府的陷阱”。

BBC 新闻发言人说，《西藏一年》作为一部观察性纪录片，其宗旨是为了更多地了解当下真实的西藏人鲜活的日常生活，并不打算把它做成西藏历史或政治的详尽分析。

如果一些西方的作者——至少目前他们的人数很少——是你们在前面提到的与大多数路上的司机逆行的人，那么将真实的西藏告诉西方的公众，就有可能被藏独组织和某些西方媒体说成“掉进了中国政府的陷阱”。不容真正诚实的人说诚实的话，也是很令人悲哀的事情。

多：绝对如此！但是，您当然不能把每个人都带到西藏去，所以人们需要的是平衡的报道。我还想对《明星周刊》上的那篇文章说几句。我记得那是很久之前的事了，那是对西藏人在汉人回到西藏之前生活在天堂里的神话提出疑问的第一篇文章。文章的标题是：《达赖喇嘛不是清白无邪的天使》。文章指出：西藏根本不是天堂，而是作为一个神权政体进行治理，95% 的人是农奴，他们没有读书写字的权利。

赵：关于旧西藏农奴的悲惨生活有不少研究和报道，他们被剥夺了做人的基本权利，奴隶主和达赖喇嘛利用宗教驯化农奴，使其认命并安于被奴役的状况。这一切在上个世纪50年代才结束。

你们已经去过西藏，走过了许多地方，也与很多人交谈过，也许会留意旧西藏的一些遗迹。

奈：当我们在拉萨时，我们不仅访问了布达拉宫的奇妙宫室，而且还参观了以前折磨不顺从的农奴的牢狱。多丽丝问向导——达赖喇嘛在布达拉宫时当过仆人的一位老人，达赖喇嘛是否知道在宫殿下面100米深处那些农奴的眼睛被沸油烧毁，手被砍掉，或者其他用于此类案例时的可怕的刑罚。"是的，"他说，犹豫了一会儿又补充了一句，"但是您知道，达赖喇嘛那时很年轻。"

赵：上个世纪50年代末，我在北京上大学时，参观过一个关于西藏的展览，看到农奴被砍掉的腿骨或头骨还被用来制作宗教仪式时的乐器和其他器具，至今仍旧记忆深刻。世界上的农奴制有多种，西藏这种农奴制的残酷性也是鲜有可以类比的。达赖喇嘛在1939年坐床时只有4岁，当然不能由他承担农奴制和政教合一的责任。1954年到1956年，他和中央政府也有过密切的合作。但是此后几十年来，他图谋分裂中国的罪责是不能摆脱的。

奈：达赖喇嘛的一方是美化西藏的历史和谴责中国，而中国的一方是对于达赖喇嘛娴熟的反华活动处理得不够老练。像您前面说的那样，中国必须改进新闻事件的处理方法。对于"官方中国"，达赖喇嘛犹如西班牙斗牛中的那面红布，你挥动它，牛就朝它狂奔而来。每一次西方政要接见达赖喇嘛，中国就发威动怒，世界其他国家的人则指责中国对于这个“和平人士”咄咄逼人。这是一个让中国步入的陷阱，而达赖喇嘛每一次都奏效。

赵：对于一些西方国家的领袖会见达赖喇嘛，中国政府必须抗议，因为这侵犯了中国的核心利益。尽管那些西方领袖坚持会见，但他们也得小心谨慎地弱化细节，得罪中国会付出某些代价。达赖是在用微笑和假话欺骗世界上无知善良的人们。我们只是想让人知道，他微笑的背后到底埋藏着什么。“达赖：你的微笑很吸引人，但是你的行动很伤害人。”这是北京奥运会之前，美国西雅图上空一架飞机拖着的抗议达赖访美的标语。

多：我们很想知道，如果中国把达赖喇嘛“晾”在一边，将会发生什么事。事情总是需要两个当事人，一方行动，另一方作出反应。为什么中国不能采取行动，开展一些西藏的形象宣传活动？如果人们心目中有关西藏的图画是正确的，他们将据此对达赖喇嘛及其话语形成自己的看法。只要达赖能以西藏的“救世主”的面目出现，以往的一切都不会改变。我也在想——但这只是我的私人意见——如果采访达赖的人在某些事情上真正厉害，毫不留情，达赖要回答那些问题就会十分困难。

赵：您提出要让人们心目中有关于西藏的正确的图画，这的确是我们要进一步做好的事情。我们讲好了西藏的真实的故事，人们才能不相信那些假的西藏的故事。

多：法里德·扎卡利亚[①]曾为美国有线电视新闻网（CNN）采访

---

① 法里德·扎卡利亚（Fareed Zakaria），印度裔美国学者，CNN节目主持人、《新闻周刊》国际版主编，著有《后美国世界：大国崛起的经济新秩序时代》一书。

过达赖喇嘛，引用达赖自己的话说西藏应该回到西藏人手里。扎卡利亚补充说，达赖要求的“大藏区”是中国相当大的一部分，他问达赖究竟要求中国领土的多大部分。达赖喇嘛当时吃吃地笑，没有完整地回答，只是用“哈、哈、哈”或者“是的，不是全部”来打马虎眼。达赖逃避回答，扎卡利亚也没有追问。我们在俄罗斯遇见扎卡利亚时，我问他为什么当时没有坚持要达赖回答清楚，扎卡利亚说：“他是一个老人。”

如果某人尊重一个“老人”的“缺点”，这等于是赞誉它，我真不知道如果对方是一个74岁的中国老年政要，扎卡利亚是否还会那样温文尔雅。

赵：美国的一位传媒巨头曾说过，这位十四世达赖实质上是一个“穿着意大利GUCCI皮鞋在全世界周游的政治喇嘛”。有的西方评论说，达赖喇嘛往往取得“公关的胜利”。这的确是达赖喇嘛的圆滑之处。我们不能以其人之道还治其人之身，以圆滑对付他的圆滑；但是在政府外交之外，加强公共外交是必要的。

奈：我们应该谈谈关于西藏本身的话题了。中国政府正在大力改善西藏地区的教育水平，这一点令我们印象深刻。除此以外，保护藏族文化似乎也是政府非常关注的一个焦点。我们参观了西藏大学和几所小学，其中包括一所农村的小学。这所小学不在政府的扶植计划范围内，所以我们可以确定这不是一所示范性学校。但是那里所展现的教育设施和水平给我们留下了很深的印象。

赵：20世纪50年代西藏和平解放之前，整个西藏没有一所现代意义上的正规学校，只有寺院和西藏地方政府为僧官和贵族子弟举办的学校。那时，西藏的适龄儿童入学率不到2%，青壮年文盲率高达95%。

中国政府于20多年前开始在西藏实行包吃、包住、包学习费用的义务教育。孩子到学校上学不再是家庭的负担。他们什么都不用带，带个牙刷、牙膏就可以来上学了。截至2007年底，小学适龄儿童入学率达到98.2%，初中入学率达到90.8%，基本扫除了青壮年文盲。西藏教育事业正进入历史上发展最好最快的时期。

多：那些用藏语文字系统运行的手机和计算机令我们印象深刻，因为我们听说把藏语文字系统数字化很困难。

赵：的确，当初汉语适应数字技术，包括准确地制定上千的专业词汇和汉语输入法，前后用了10多年的时间。而藏语因为借助了汉语的桥梁，正在更快地适应数字技术的发展。在发展现代藏文的同时，在保护西藏文字和语言上政府也下了大力气，西藏自治区颁布了学习使用、发展藏语文的条例和规定，以从法律上给予保障。西藏各级政府为了大力推广学习使用藏语文，先后编写了5套藏语文教材，从小学到大学的课本、大纲、教师参考书一应俱全。

奈：您现在告诉我们的和我们亲眼看到的情况真是了不起。但是，如果只有少数西方人知道这些，那也无益于纠正西方人对西藏问题已有的看法。我们已经把自己所知的情况都写入了《中国大趋势》一书中。我们知道，我们还会再次去那儿更多地了解西藏。

赵：不仅欢迎你们再去那里，甚至我自己也希望有机会多去那里。如果可能的话，我们乘坐火车去，对青藏铁路沿途有直观的了解，必然会有许多新的感受。

多：坐火车去是个好想法，我们希望有更多的亲历西藏的机会。

第四部分

关于科学、教育和知识产权

近代中国为什么在科技方面落后？

中国科技人员首先要提升创新意识

对于学术问题的讨论，中国没有禁区

为什么在中国的科学界，竞争不够充分

人才已经成为一种全球性的商品

近代中国为什么在科技方面落后?

奈：从科学发展的角度，我想问一个问题，您刚才提到了在近代，中国在科技方面开始落后了，那中国为什么会落后？当其他国家在科学领域快速发展的时候，为什么中国落后了？

赵：中国的封建社会非常漫长。在中国的封建社会中有一个重要制度，叫科举制度，它的好处是给知识分子敞开了进入官僚阶层的大门，就是任何人不管什么身份，都可以通过考试进入官僚阶层。应试者要写得很好的文章，文章所论及的都是人文以及国家治理等方面的内容，考试甚至要求应试者能写好的诗、好的赋，要求书法极好。为了准备一次考试，读书人可能要准备 10 年乃至 20 年。因此想要有所进取的人，不会把精力用在科学技术上，人们缺少钻研科学和技术的动力。

这是可能的原因之一，当然还有别的原因，我想听听你们旁观者的观点。

奈：看待任何一个社会、任何一个国家，在做出评判的时候重点要关注两个方面："奖"和"惩"。第一点是"奖"，就是说如果他辛勤工作，他能得到什么回报；第二点是"惩"，就是说如果他做错了，他会受到什么惩罚。不管是家庭、机构、社会，乃至整个国家，如果你拿这两把尺子去衡量，可以得到很多信息。

赵：在中国历史上，"学而优则仕"曾是一个信条，如果书读得好，奖励就是可以做官，这有很大的吸引力。在一个农业国家，并没有很多其他的岗位，做官是出人头地、获得较高社会地位和丰富收入的最好的道路。而古代中国对于商人不太看得上，觉得商人和读书人是没法比的，因此中国人历来比较轻商。至于工业，中国只有手工艺的小作坊，没有大的工厂，这与中国小农经济、交通不方便都有关系。商业市场不发达，技术创造也就没有市场，从事技术创新也就缺少动力。

奈：也许今天我们还是应该把注意力集中到今日之中国，我们还是继续拿“奖励”和“惩罚”这两把尺子去衡量一下中国社会。

赵：说到对科技贡献的奖励，您可能也知道，中国从改革开放以来，设立了多种科技发明奖，有对基础科学的，也有对技术的，并且设立了很多等级，每年都要颁发给获奖者。我本人就获得过国家和地方的奖励。

作为国家战略，我们在2006年发表了《国家中长期科学和技术发展规划纲要》，其中提出了支持性政策、目标和今后的投资环境建设。

我们一时不能全面地追赶世界先进水平，但我们要选择重点，鼓励创新，支持中国的科技成果转换成产品。

奈：您刚才提到政府奖励科学研究、奖励科技创新。我更关注社会是如何评判的。比如说，您刚才提到了在中国封建社会，人们一般是轻商，看不起商人，我想请问一下，现在中国的普通民众有什么样的看法？他们重视什么？轻视什么？

赵：最好的晴雨表就是看每年考大学的学生们倾向于报考什么专业。现在学生们逐渐地对两个方面比较感兴趣：一个是金融、法律，而这在改革开放之前人们是不重视的；另一个是尖端科学，最优秀的学生往往会选择物理、生化、数学这些专业。

奈：对，的确是这样的。

赵：特别是到欧美留学的人以学自然科学和现代技术为主。两个原因：一个是孩子们喜欢，一个是学费比学医学、法律和金融要便宜得多。也许是许多美国学生不愿意学科技专业，给中国留学生提供了机会。

中国科技人员首先要提升创新意识

多：回到科学技术这个问题上来。您前面提到在封建社会不是所有人都有机会受教育，往往都是统治阶层才有机会受教育。在欧洲罗马天主教占主导地位的时候，教育也掌握在教会手中。什么时候才改变的呢？是在出现了伽利略、哥白尼以后，他们试图产生突破，想让世界出现变革，所以这是人权和神权进行斗争。人权是以科技为代表的，于是它就和神权产生了对比，到后来才发生了倾斜，才出现变化。在中国社会当中，拥有多大程度的自由度来实现突破？所谓“不破不立”，若想突破，必然要突破现有的一些框框，那么当前的中国社会在多大程度上享有这种突破的自由度？

赵：在现代中国，科学研究方面的突破当然没有一丁点像哥白尼时代的那种限制。在生计没有问题时，科学的发展是出于人们无尽的好奇心和想象力。爱因斯坦说过，想象力比知识更重要。中国的传统教育强调知识的积累，忽略想象力或创造力的培养，所以中国科技人员首先要提升创新意识。比如说一位中国科学家有某种可能实现的想象力了，他能不能把这种想象力发展下去，还要看他有没有团队，有没有资金，有没有实验室。这种物质的限制总会存在的，而中国政府的支持在随着国力逐年递增。

您刚才提到中世纪教会对科学影响的历史，让我想到了当今的一个小故事。小布什总统在前几年忽然宣布美国政府停止对干细胞研究的支持，据说原因是干细胞的研究与他基督教的信仰有冲突。但是科学家认为干细胞研究很有意义，将来可能会发展到人造的人体器官，会拯救很多病人。现在奥巴马总统又恢复了支持干细胞的研究。这种反复很有意思，是国家领导人由于他的思想受到某种信仰约束的结果。对于一个人，信仰的教条和他的思维以至决断是很难分开的。

奈：我觉得您说的这一观点非常好，但我想补充一下。在美国，进行干细胞研究的经费实际上来源于各个州和一些私营企业，它们占了干细胞研究基金的大头，联邦政府的资金只占一小部分。小布什总统所禁止的是联邦政府的资金。另外补充一点，小布什是新教徒而不是天主教徒。我的问题是，您认为应该怎样区分理论研究和应用研究？

赵：我只能从物理学的角度回答您，而在有些学科中两者可能并不容易分得很清楚。物理学理论研究的目的是探索大自然的属性，如物质的结构、物质的运动规律和它们的相互作用。有时理论研究得到的结果往往不能马上被证实是否正确，需要有实验的补充。很明显的例子就是李政道、杨振宁的研究成果，到后来由吴健雄利用一个很聪明的实验才证明了这个理论的正确性，他们才获得了诺贝尔奖。但是理论研究并不是立刻就能付诸实用，要经过应用研究才能成为技术。如爱因斯坦的物质能量转换理论（$E = mc^2$）是1905 年提出的，到20 世纪40 年代经应用研究才出现最初的核反应堆和原子弹，时隔近40 年。

理论工作者是非常辛苦的，而且他们的成就也不容易被及时应用。特别有志于攀登科学高峰的人才能学习理论，我本人是学实验物理的，不是那种特别有理论才华的人。

对于学术问题的讨论，中国没有禁区

多：再回到阿尔伯特·爱因斯坦。我觉得如果当初爱因斯坦能在中国待一段时间，学习一些中国文化，或许他能获得更大的成功。因为爱因斯坦本人虽然很有才华，但从他本人的个性来讲，他对很多事情有不同的看法，个性上有点叛逆，不太好相处。

再回到前面的话题，刚才我对于过去罗马天主教的环境进行了一个类比，为什么要进行这样的类比呢？因为对于那些有才华的人而言，他们往往有一种叛逆的意识，有一些不同的观点，可能与现有的体制不相容。我想问的是，在中国，有些很有才华的人，如果他们有一些不同的看法，特别是对现有体制有一些不同的看法，但并不代表他们有什么政治上的企图，这样的人还能得到社会的支持吗？

赵：对传统有批判性地继承，批判他认为不正确的，继承他认为正确的，并产生新的思想，这实际上是社会进步的一个动力。对于学术问题的讨论，中国没有禁区。科学问题的判断不能用民主方式，不能靠表决定是非，新出现的科学理论往往只有少数人才能理解。如果涉及到政治体制，就需要民主，就需要按人民中的多数人的意志去决定。由政治问题的研究提出反潮流的见解是一回事，以推翻政权和推翻宪法为目的的政治活动是另一回事。因为宪法是由民主程序决定的。

奈：爱因斯坦经常和他周边的同事或其他的物理学家有很多争吵。事实上同事、同僚之间相互的批评、争吵对于科技的进步是很重要的。而在中国，据我所知，同事之间相互评判科研成果的时候，往往都是充当了好好先生，相互都说得很好，很少有相互批评的情况出现。而我们知道，对于科学研究、科学报告，只有相互批评才能促进研究取得突破。中国的许多科学家和学术界人士对于这种现象都持一种批判的态度，我想问一下这种现状有没有改变？

赵：的确，有些有才华的人脾气古怪，和爱因斯坦同时代的毕加索也是脾气古怪的人。他们几乎在同时，一位在时空观念上提出了惊人的新见解，另一位画出了当时没人看得懂的“空间错乱”的画，如《亚威农少女》，我今天也没看懂。但是他们都对人类文明有绝对的贡献。

为什么在中国的科学界，竞争不够充分

赵：我承认存在着您刚才指出的中国学术界的这个重大缺点，中国人有时候喜欢在一个小环境中和平相处。爱因斯坦是理论物理

学家，可以不需要助手，所以他有那样的脾气也能够成功，如果他是实验物理学家，他注定要失败。

奈：没错。

赵：如果现在要搞一个大型加速器，光设计者可能就有几百人，如果这个领军人物不能带领大家，这个计划就不能成功。如美国的曼哈顿计划，奥本海默如果是这样的古怪脾气，他就做不成“原子弹之父”了。爱因斯坦幸亏是理论物理学家，不是实验物理学家。毕加索也不需要助手的帮助，所以他脾气坏也没关系。

奈：完全正确。

多：回到中国科技的体制上。为什么在中国的科学界，竞争不够充分呢？可以从文化角度来找原因。中国社会不接受、不宽容失败。中国人最怕丢面子，如果丢了面子很难挽回；这一点和欧美不一样，特别是美国。在美国就算失败了，哪里跌倒哪里爬起来，没什么关系，并不觉得怎么丢面子，而这也恰恰是美国人成功的关键。允许你去尝试、失败，然后积累经验再成功。就中国而言，中国在大的层面，你可以尝试、失败，然后成功。但在个人层面，还是害怕失败。

赵：您的批评很尖锐！如果科学家之间没有尖锐的批评的话，就不会促进他们去进一步完善最初的成果，甚至会为一些伪科学留下空间。当然伪科学最后会破产，但在它维持的时间内是阻碍科学发展的。

人才已经成为一种全球性的商品

赵：咱们谈了科学，接着应该谈教育了。

奈：太好了，这也是我很感兴趣的话题。

多：在当今世界，无论是什么制度的国家，在经济上都是高度地相互依存，实际上不仅有一个全球性的市场，还越来越形成了一个全球性的经济体。那么取得优势最关键的因素是什么呢？最关键的就是你要拥有最优秀的人才，你才能够占领高地，取得优势，从而在这个全球市场中获得最大的份额。这如同您在《浦东奇迹》[①] 一书中提到的，只有那些拥有最出色人才的国家才能在竞争中占领高地，才能取得优势。所以各国现在竞争的是人才，不管你说这是西方国家的制度还是东方国家的制度，或者是西方和东方相互借鉴的制度，最根本的是在争夺人才。人才已经成为一种全球性的商品。所以现在，从美国或者欧洲的角度来看，他们担心的是：中国现在正在日益崛起，而中国也有着大量的优秀人才，中国的政府非常高效。中国有这么巨大的潜力，中国将来就会占据整个全球市场。

赵：您说到了我们共同关心的人才问题。中国的人才比 30 年前有数倍的增加。但是比起发达国家，我们的科技人才、艺术人才的

---

① 《浦东奇迹》，赵启正、邵煜栋著，五洲传播出版社 2008 年 7 月版。该书真实地记录了浦东开发的历程，更道出了上海历届市委、市政府及参与浦东开发实践的人们在探索中逐步形成的重要理念和观点。

比例还是低很多。因此，中国提出了“科技、教育兴国”这样一个国策。我深信，如果教育不改善，科学也发展不了，所以我更关心教育的改革。教育涉及到中国所有的家庭。中国的传统就是把孩子的教育作为全家的重点，父母要节省各种开销，甚至于穿得差一点，住得差一点，没有关系，但是尽量让孩子能够上好的学校。孩子要读书，要给他全力的支持，这是中国发展教育的一个好的基础。但是中国的教育比发达国家落后，特别是优秀的大学，比起欧美来，比起日本来，还是少得多。我们的教育方法尤需改革。

中国教育的弊端

奈： 我记得 2009 年 2 月，就在北京，我上次和您见面的时候，我曾经表达了这样的观点，我认为对中国和任何其他国家来说，教育都应该是首要任务。即使从发展经济的角度而言，教育也是个首要的任务。刚才我们也提到了，实际上你放眼全球就会发现，没有一个国家现有的教育体制是完全适应当今世界的发展变化的。当今世界是一个相互依存度越来越高，创新越来越快、越来越多的世界。中国现在的教育看起来似乎是过多地依赖于考试，属于应试式的教育。其实你看看法国也一样，比如法国的学生，四年级以下的，上午十点至下午一点半和中国同年级的学生干着一样的事情，七年级的和你们中国同年级的学生干的事情也差不多。美国也是，美国的教育也差不多是一个应试式的教育。所以我觉得，在教育改革这方面，中国可以进行真正的教育改革，然后能够在这方面领导世界，建立一个真正符合新世纪新特点的教育体制。

赵：中国教育的弊端呢，有刚才已经提到过的历史的因素。那是中国自隋朝以来，也就是大约1400年前开始，到清朝末年一直有的科举制度，应试的文章中要引经据典，需要很多记忆的功夫。所以知识分子的出路就是学好文学，还要能够高谈阔论兴国方略。这种制度的好处是谁都可以参加考试，不像那时的欧洲有贵族的世袭制度。现在，中国中学的自然科学的课程很重，欧美大学一年级的一些数学也在中学学了。但是，在课堂还是着重灌输，而不重视创造意识的培养，这是中国必须改革的方面。而这种改革很难，因为首先要有大量的优秀的老师。所以我觉得中国的教育改革在不断增加经费的背景下，要提倡“课堂革命”，也就是改革教育方法，才能够使中国学生的创造性成长起来。

多：说到中国的教育，有一点我不同意您刚才所说的，就是中国的优秀人才和西方比起来数量好像还不够多。当然您刚才所说的是一种相对值，就是所占的比例，实际上从绝对的数量上看，中国的人才一点都不比西方的少，甚至更多。但是我觉得在中国的教育体制中，确实存在着浪费人才的现象，其中有一个重要的原因就是户口制度，因为户口制度有时候限制了人才的成长。例如，来自山村的一个农民工在北京工作，也把孩子带到了北京，但是他的孩子要在北京就地上学还面临着很多困难。而其家乡的学校水平肯定不能和北京的学校相媲美。所以虽然中国整个的政治体制是很高效的，但是我唯独不能理解的就是这个户口制度，为什么不加快速度把这个制度改掉？

赵：中国的户口制度现在正在改革中。中国现在城市人口占45%，农村人口占55%。中国人口太多，城市化的任务不能够在短期内完成，要一小步、一小步地逐步进行。这几年，中国城市人口每年大约增长1%。实际上中国的城市户籍管理已经放松了许多。像上海，本地的和没有户口但是长期在这儿居住的有1800万，其中1350万是有上海户籍的，450万是没有上海户籍的，这还不包括某些无法统计的短期的外来者。北京呢，也差不多有1700万常住人口，其中约509万没有北京户籍。

现在很多城市已经提出了计划，要照顾在城市务工的农民工子女上学，要尽力让他们也可以受到所在城市的学校的教育。

奈：在中国，从农村流动到城市里的剩余劳动力，一般被叫做农民工；在西方国家，比如在美国，流动性的工人一般都是季节性的。比如说到了棉花或苹果收获的季节，他们从墨西哥到美国来工作，收获季结束之后，他们又回到自己的家乡。但中国的情况要复杂得多。首先数量很大，可能有上亿的农村剩余劳动力流向城市，比如说在工厂或建筑工地工作，或者从事家政服务。所以中国农民工的情况和西方国家相比还是有很大的不同，而且数量很大。

刚才多丽丝也提到了创新这个问题。在当今世界，创新显得越来越重要，只有通过创新，我们才能够跟上时代的步伐。胡锦涛主席在十七大报告里面曾经不止一次地提到要把中国建设成为一个创新型国家。在西方，一些政客也好，公司的高管也好，还有很多民众也提到要建立有利于创新的制度。但是实际上，很多人都没能把创新的思想付诸实施。我觉得政府的一个最主要的任务就是为创新创造一个良好的环境，才能使创新生根发芽，才能促进创新的发展。

关于教育，当然，我们要学习文学，要学习语言，要学习历史。但是我觉得即使是在低年级的学校当中，也应该开始培育学生的这种创新精神，要鼓励他们开始思考，怎么才能为社会、为国家作出更大的贡献。但是现在不管是中国的学校还是外国的学校，学校的规定往往都是比较死板的，并没有一种很充分的创新精神或创新方面的教育。

真正的教育改革就要引入竞争机制

奈：这里我想就教育改革的方向谈一下我的看法。我只想提一下美国的高等教育，高中、初中和小学的不谈。美国的高等教育体制可能是世界上最成功的，其原因就是引入了竞争机制。

我还想提到，我们的那本书——《中国大趋势》里面提到了八个支柱，如果再加上第九个支柱的话，那就是竞争。其实外界不了解，在中国各个省之间、城市之间、公司之间，竞争是很激烈的。因为有了激烈的竞争，所以促进了中国的进一步发展。所以我想，在教育改革方面，中国唯一的途径就是引入竞争机制。美国有世界上最好的高等教育体制，美国差不多有4500所大专院校，其中大概有40%是私立的，60%是州立的，国立的很少。这些学校之间进行激烈的竞争来争夺那些最优秀的生源。正是因为有了这种激烈的竞争，反过来也提升了这些大专院校自身的价值。

赵：现在中国在招生上是竞争的，比如清华、北大等国家重点大学（50 多所）、省市的好学校和较差的学校，中国的大学大体可以分为三到四等。好的学生都集中在好的大学。那些差一些的学校的学生毕业以后，就业较困难。这在美国也是一样。哈佛、耶鲁、斯坦福毕业的学生就业没有问题。中国的大学差不多是 1000 所，还有一些私立大学，大多数私立学校的师资和经费不足，竞争力就很弱。

目前，中国对教育经费的投入不到 GDP 的 4%，而美国的投入是7.5%，世界平均 5%，中国低于世界平均水平，这是我们必须改进的问题。

奈：因为有了竞争，美国才有了世界上最好的高等教育体制，但是竞争并不局限于大学。更重要的是应该把竞争机制引入小学和中学。因为作为家长，谁都想把孩子送入最好的学校。只有这样才能促使他们不断地改进教学质量。因为现在中国已经实行市场经济，从市场经济的角度来讲不难理解，要把竞争机制引入所有的学校，从大学到中学、小学，而且特别是中小学，就是建立市场经济下的学校。

赵：可是在中国，绝大多数学校，无论是较好的还是较差的，是由国家给钱的，如果私立学校多的话，您这个办法可能更有效。

现在中国的一些城市的中学或小学的确出现了少量私立的学校，能收到高学费。这些学校往往能请到好的教师，因为他们给教师高工资，甚至还请外国老师来教外语。但是最后出现另外一个问题了，就是有钱人家的子弟才能到这种学校去，因此大家管这种学校叫贵族学校，引起了很多普通家长的反感。这又是一个新的问题。

奈：您刚才提到的公立学校和私立学校的问题，其实我前面也提到了。在美国有60%的大专院校是公立学校，40%是私立学校。而那些公立学校，只有它们自身办得非常好，能够吸引更多的学生，才能够从国家那儿拿到更多的资助。办得好，资助就多。即使在公立学校，也是有竞争的。所以我觉得在中国，要实行真正的教育改革就要引入竞争机制。

多：现在中国的父母是不是已经可以择校了呢？还是把将来父母为子女自由择校也放到改革的内容中？

赵：择校，大学不受地区限制，一个广东的学生可以考北京的学校，北京的学生也可以考上海的学校，这是完全没有限制的。问题就是中小学。比如上海的中小学生到北京来上学，似乎没有这个必要，因为本地也有好的学校。农村的学生脱离父母到城市来，这几乎是不可能的，因为他在这里独立生活的费用，农村家庭是负担不了的，孩子在外面独立生活，家长也不放心，恐怕问题还是要把农村的学校办好。

奈：是的，这是当然的。

多：这里还有一个观念更新的问题。老师对于塑造明天的人才非常重要，但是老师自己也是在昨天受的教育，他可能拿过去自己受教育时形成的一些固定的思维模式来教育今天的学生，那怎么才能帮助这些学生迎接明天的挑战、明天的变化呢？所以，这的确是一个问题，就是说如何培养能够适应未来形势、未来发展的人才。

赵：中国有一句话，叫"十年树木，百年树人"。为什么这样说呢？就是需要培养好的老师，才能有好的学生。一个好的学校要有几代好的老师，把培养老师的时间也算进去就需要很多年头了。我们希望老师能够和社会保持沟通，与时代同步，知道社会发展的形势，了解科技的前沿，了解企业在做什么。美国的一些重要的公司，如 AT&T、Intel 等等，他们不仅生产，还领导科技潮流，这些公司的工程师和大学交流人才和信息，促使学校进步。我本人出任中国人民大学新闻学院院长，深感和教授们有互补的效果。所以说，老师和官员之间，老师和工程师之间，老师和文学家、艺术家之间，如果有位置更换是个好办法。但是又不容易，因为职业的更换无疑是对人生的严峻挑战。

奈：我们都认为对中国来讲，首要任务就是抓好教育。您刚才提到引入竞争机制可能也不一定是一个很有效的办法，那您觉得中国教改应该怎么做呢?

赵：我并不是反对您所提出的在教育改革中引入竞争机制，而是担心人们过于看重竞争机制，而把学校看做企业，从而降低了对政府财政支持的要求。中央政府和地方政府要承担义务教育的足够的费用，还要对非义务教育范围的高中和大学给予足够的支持。在此背景下，如何由竞争机制获取学生家庭的投入，同时给贫困家庭的孩子助学金，需要精细地设计。刚才我也说过，在教育的各种改革当中不要忽略教学方法的改革，这是一项需要成千上万的老师们参加的改革。

奈：我还想交代一个背景。我曾经在肯尼迪总统执政期间担任美国教育部的助理部长（相当于司长级），那时候我才 33 岁，很年轻。当时我还推动在一些学校进行改革，比如我主张把芝加哥的高中改建成没有围墙的学校，让学校和社会融为一体。世界各国都应该付出更多的努力，来改进各自的教育，更好地培养我们的下一代。在我看来，儿童是伟大的学习者。我已经有了孙辈了，我发现他们真的是非常伟大的学习者。小孩，两三岁、三四岁就能同时学两三门语言，实际上等他们上学之后，学习的步伐反而变慢了，变成了按照学校的规定一小步、一小步地迈进了。这是多么可惜啊！应该充分发挥小孩的潜力。

赵：这样看，美国也需要“课堂革命”。由学校提供足够的优秀人才是发展科学和技术的基础，而知识产权保护也是人才的必要条件。在这个方面您有何高见？

中国已经走上了保护知识产权之路

奈：说到知识产权保护，我认为仅仅通过立法是解决不了问题的，最终还需要在市场上有所反应。在市场上有本国的需要保护的产权，才能够真正改变知识产权无从保护的状况。20 世纪 80 年代，我的《大趋势》刚刚出版之时，我到台湾后发现有各种各样这本书的盗版，当时台湾人均拥有盗版书的数量恐怕是全球最高的，后来我在中国大陆也发现有这本书的盗版。后来台湾岛内的民众也有好多自己的知识产权需要保护，于是就通过了很严格的知识产权保护的法律。这样在一段时间之后，在台湾知识产权侵权的现象就有了大幅好转。现在大陆其实也已经走上了这条保护知识产权之路，大陆的民众也有越来越多的自主知识产权，无论你是出版了新的书籍，还是有新的发明创造，有新的软件、硬件不断产生，所以自然要通过很多更严格的法律来保护本国公民的知识产权。在保护本国公民的知识产权的同时，自然会扩展到保护其他各国的知识产权。这样一来就可以真正实现知识产权的保护。

赵：您说得很对。当一个国家有自己提出的新的知识、著作和发明的时候，这种保护的意识才容易加强，而中国正是走在这条道路上。2008 年 6 月，中国颁布了《国家知识产权战略纲要》，提出了保护知识产权的战略方向，并提出了要建立国家知识产权保护体系。

我想告诉您，中国地区的第一个，也是十几年来一直是唯一的一个知识产权法庭是我在浦东时成立的。因为当时我们发现知识产权问题涉及民事、刑事和行政三个法庭。一个知识产权案子由三个法庭来审理，从不同方面给以处罚，实在是低效率并且容易发生冲突。因此在 1996 年初，成立了浦东知识产权法庭，在网络上被称为“浦东模式”。现在中国正在考虑在全国建立这种法庭，这是最新的消息。我可以骄傲地说，浦东这个法庭从成立到现在已经 13 年了。

多：这也是浦东经济开发中市场高速发展的需求，但还是会遇到一些阻力。

赵：对了，别人会说你的车子开得太快了，被法庭追究的人当然也不满。

多：我拿做中餐作比喻。有这样一个做中餐的大厨，他有很多秘制的配方，这时有一个学徒来学习，若干年后他回到了家乡，也能把这些菜做出来了，从某种程度上来讲，这些独家的菜谱也是一种知识产权吧。

赵：那大厨能说这个学徒盗窃了知识产权吗？算是 know-how 吧。

多：当然这对消费者是很好的，他可以品尝到美味佳肴，但是对厨师来讲就不公平。

赵：我本人和别人合作有三项专利，出了七八本书，保护知识产权的意识就比较清楚。

奈：我们既然合作写书了，就要联手保护知识产权。

赵：你们的书我也会帮助监督。星期日我会到市场上看看有没有人盗版你们的书，如果有的话我会帮你们起诉。

奈：太好了！

赵：好的。（两人握手）啊！对了，这是三个人的书，需要三个人握。（三人握手）

中国现在有了中长期的科学和技术发展规划纲要，它有一个卫兵，就是知识产权保护的各项法律。

“番茄花园案”的处理

赵：最近有一个非常有名的案子叫“番茄花园案”，即中国的一个小公司盗版了 Windows XP，并把它进行了小的改装，在网上出售。现在（这个公司）被中国法院严肃处理，罚金要 900 多万元人民币，即 100 多万美元，四个被告都被判了徒刑，六个月到三年不等。听说了吗？这是今年的事情。

多：您刚才讲的这个番茄花园的案子很好，但是在这方面恐怕还是要更多地向西方国家做宣传，让他们更多地了解这方面的情况。因为在西方媒体的报道中总提到，如欧洲空客公司还有其他一些公司的技术，通过一些后门的渠道流入了中国。中国应该公开表明，西方国家的公司来中国设厂办企业，他们的技术是安全的。但他们往往有这种印象：他们来和中国的企业建一个合资公司，三年之内他们的产品还可以，三年之后他们可能就会被挤出中国市场。因为市场上已经出现了仿冒的产品。

赵：我在浦东时处理过这样的案件。吉列刀片在中国有被仿制和盗窃技术的情况。那是 1995 年，我们的法庭作了非常严肃的处理，给了很重的罚款。但在调查时我们发现，有些企业技术被盗窃的原因是多方面的，往往是其内部职工不忠于企业，这里有中国人，也有外国人。但中国政府知道，如果纵容这种做法，将减少高科技公司对中国的投资和高科技转移。所以请相信，中国政府在这方面的态度是坚决的，坚决反对盗窃知识产权。

奈：这些例子非常好。

赵：知识产权法庭针对西方公司遭受的侵权的起诉，依法判定侵权人做出补偿。这些案例西方的一些媒体已经有过些许报道。

多：问题是中央和地方在知识产权保护的问题上会有不同的考虑。实际上外国的投资是要落到各个省、市的，而在中国这方面的权力似乎是很分散的，各地的优惠政策往往也有差异。中央当然是要非常坚定地保护知识产权，但是到了地方，天高皇帝远，可能会因为利益方面的诱惑，在保护知识产权方面就不一定做得那么好。

我知道当年您在浦东为了防止腐败，建立了防火墙这样一个很好的机制[1]，但其他地方恐怕不一定能做得这么好。

赵：我很高兴在世界的中国通中又增加了多丽丝，您的许多话说得非常内行，对中国非常了解。

多：感谢您的褒奖。

赵：可能有人认为您借了奈斯比特先生的光辉，但我证明不是的，是相互辉映。两个灯比一个灯亮。（问奈斯比特）您同意吗？

奈：当然。

多：打个比方，热量是要两个手掌相互摩擦产生的，这种摩擦不是冲突的摩擦，而是切磋。我和约翰在不停地切磋，我们相互激励、启发。

赵：我已经发现了。你们两个人的产品是新的智慧。你们的孩子就是智慧、智慧和智慧，新书、新书和新书。

奈：非常感谢您的这番美言。

赵：你们结婚15周年和20周年纪念时应该在中国举行，就让新世界出版社给你们设计一个中国式的庆典。

奈：那就从10周年开始吧。我们是在2000年结婚的，2010年6月份正好是10周年。

我最近看到中国媒体的报道，可能是《中国日报》的报道，中

---

① 为了防止政府干部利用职权捞取好处，浦东新区管委会设置了三条“高压线”，又称三道“防火墙”：1. 任何领导干部，个人不准擅自定地价，不准擅自决定对个别项目的政策优惠。2. 任何领导干部，个人不准决定工程发包。工程发包应通过公开招标竞争，由专家评审、集体决定，做到公开、公平、公正。3. 任何领导干部，不准在征地、动拆迁中利用职权为亲属好友从中获利。

国每年花在婚庆上面的费用大概能占到中国 GDP 的 10%，是真的吗？

赵：10% 就是 4000 亿美元，不会那么多吧！据我所知，比较有钱的家庭的孩子结婚举行仪式要花 10 万元人民币，也就是 1 万多美元。一年有多少对年轻人结婚，大约花多少钱，我会在网上查一查。①

奈：从这个意义上说，中国是世界上最浪漫的国家。

不健康的“信息空气”需要过滤

赵：也许，接下来我们可以谈一谈有关互联网的内容。

奈：好的。网络在全球通讯中起着非常重要的作用，网络的信息给传统媒体带来了一种压力，逼迫传统媒体要更加有责任地报道事实。我认为电视就是一个巨大的放大器，无论它是报道中国，还是报道马来西亚，或者是报道美国的得克萨斯州，发生事情的时候它都会将事实放大。比如我们刚刚经历的迈克尔②的葬礼，就被放大了，这种放大同时也是一种对事实的扭曲。

多：互联网上的交流不是一个单行道，它是互动的。中国一方面向世界敞开了她的大门，另一方面却展示了她在关闭某些渠道。中国可以通过网络更好地理解西方，我们也看到中国的改革开放取得了很多成就，打开了很多信息的渠道，但是在另外一些方面，却

---

① 据中国婚庆产业调查统计中心公布的数据显示，2009 年全国城镇居民因结婚产生的直接消费总额已超 6000 亿元人民币，共有 1145.8 万对新人登记结婚。（中新网 2010 年 3 月 6 日）

② 美国流行音乐天王迈克尔·杰克逊于 2009 年 6 月 25 日意外死亡，终年 50 岁。

又把中国人和外面的某些信息沟通隔绝开来。比如说 Facebook[①]，我今天就没有登陆上。我们觉得既然中国政府要向世界敞开她的大门，为什么不能让网民在网上有更多的自由去浏览更多的信息和评论，甚至是批评呢?

赵：由于卫星电视和互联网的高度发展，当世界已经进入了信息时代后，有一些新的英文名词出现了，其中的一个新词 inforsphere，字典上是没有的，它的意思就是“信息空气”(information + atmosphere)，中文或可译为“信息环境”。信息空气有的时候有些不清洁，人们呼吸了会引起一些问题，因此互联网在带来正面影响的同时，有的时候有一些内容对社会造成了紊乱，如一些假的信息，或者是恶意的信息以及对少年儿童不利的信息。对此，我们抱有一定的警惕性。既然“信息空气”有的时候有不健康的成分，会引起混乱，那么就要对空气有一些过滤。

奈：我在多年前就听说过这个词，其实中国现在经历的是西方已经经历过的事情。最大的问题是这个信息是不是有害，到底由谁来决定，是由人们自己来决定，还是由政府来决定。在中国的情况是，这种信息的审核是由政府来决定的，这就是一个问题。

多：这就好比我们坐在火车上，火车的玻璃被一张黑幕封了起来，告诉我们外面的景色不好看，这样的方式我们并不喜欢。

赵：我发现您很喜欢作比喻！您是我很少见到的聪明人之一。

---

① Facebook 是一个社会化网络站点。它于2004 年2 月4 日上线。Facebook 来自传统的纸质“花名册”。通常美国的大学和预科学校把这种印有学校社区所有成员的“花名册”发放给新来的学生和教职员工，帮助大家认识学校的其他成员。它的创始人是 Mark Zuckerberg，为哈佛大学的学生。

是不是奥地利人都像您这么聪明？

多：（笑）是不是中国人都像您这么聪明？

这个车窗是一个类似于起偏振作用的玻璃

赵：（笑）我来解释一下。恐怕这车窗是有点特殊，但它不是黑屏，那样的话车上就不会有3.4亿乘客①了。我也用一个比喻回答您，这个车窗是一个类似于起偏振作用（polarization）的玻璃，通俗点来说，就是只能滤掉某种特别的光线，在这儿就是对社会不健康的光线，但是还能从容地观察窗外的风光。

据我所知，在中国，对于网络内容的日常管理，主要是靠各网站自己负责。我们政府当然有网络管理的部门，对于大量攻击中国的某些网站，我们的确是不欢迎的。

奈：政府决定这个事情，这并不是一件坏事情，应该可以这么说，是政府在决定某些信息。

赵：互联网在中国已经不再是游离于现实生活之外的虚拟社会，而是成了现实社会的重要领域。因此对互联网的依法监管是必要的。中国已经颁布了《全国人大常委会关于维护互联网安全的决定》和国务院的《互联网消息服务管理办法》等法律和法规。政府有关部门据此制定了相应规定。这都是网络运营商要遵守的。

---

① 根据中国互联网络信息中心（CNNIC）提供的数据，截止到2009年12月，中国的网民数量已达到3.84亿，中国已成为全球第一互联网大国。

第五部分

中国向何处去？

中国是一辆跑得更快、性能更优的列车

中国是一辆跑得更快、性能更优的列车

赵：我们讨论了这么多的题目，都是直面中国发展中的故事，有感而发。现在国际舆论对中国的发展模式和中国的前途议论纷纷，没有当然也不可能有一致的看法。有的人称之为“十字路口的中国”，不知道它是向哪个方向前进。

奈：事实上当今世界有两种发展模式，西方的和中国的，但我认为中国的发展模式更好。中国是一辆跑得更快、性能更优的列车。在西方人看来，中国机车可能是很复杂的，或者不符合他们的驾驶和乘坐观念，他们在面对这辆车的时候可能有一点头晕目眩。但是从整个世界的角度来说，我建议应该采用新的发展模式。举个例子来说，就是在建造列车的时候要看看中国，要学习中国建造列车的方式，要坐上中国这辆列车，仔细观察一番。

赵：国外舆论对中国的评论，或者说国际上的中国观是多种多样的，在中国人看来有些是合乎道理的，有些是荒谬的。比较荒谬的就是：中国发展了，必然对其他国家造成威胁，必然对其他国家造成不利。这是一种“中国威胁论”。还有一种观点认为：中国会遇到很多困难，他们最终是坚持不下去的，会衰败，会垮台。这又是一种极端的意见。

还有一些合乎道理的观点，比如说：中国的经济发展了，它的国际贸易增加了，因此给其他国家的经济发展带来了机会。也可以简单地说这是“中国机会论”。同时也有人忧虑，中国的出口造成了

别国的失业。但是中国的大量进口也为别国提供了就业机会。中国会尽量增加内需，促进国家进出口的平衡。

有人说，中国逐渐强大了，是不是应当承担更多的国际责任了？我们正在这样做。比如说，近年来中国向联合国维和行动派遣的人员有大幅度的增加。在联合国安理会的常任理事国中，中国派出的人员是最多的，对于当地维持秩序、救助灾难、帮助人民克服生活中的困难起到了很好的作用。①

多：这与中国的力量和人口相匹配。

赵：从这些很不一致的评论当中，我们可以吸收对我们有益的营养。其实，“中国模式”这个词，并不是中国提出的；中国也毫无推广的意图。中国一向的观点是要结合本国的国情制定政策。毫无疑问，其他发展中国家，也要结合他们的国情去发展才能成功。

奈：中国只要一直往前走就行了！至于中国这个模式，我认为它已在中国生根，已经开始了它的征程。从近期来看，我认为中国会走得很扎实很稳健，因为“中国模式”获得了中国民众的广泛支持，并取得了前所未有的成功。所以我觉得从短期或中期就可以看出，中国的这个模式会变得越来越成熟，中国人民也会变得越来越成熟。当然还有很长的路要走。至于中国未来的发展方向我看得很清楚，因为中国早就确定了自己的方向，并且已经加大了马力，开始了奔跑。

---

① 到2009年8月，中国成为向联合国维和行动派遣人数第14位的国家。中国向维和行动提供军人、警察和军事观察员。中国派遣的维和人员人数比其他联合国安理会的常任理事国都多。

赵：我相信绝大部分中国人会同意您的评论，中国人并不是在十字路口上，而是行驶在一条向着和谐社会的轨道上。

（问多丽丝，因为多丽丝原来的专业是表演艺术）表演艺术家，您认为我们这样可以落幕了吗？

多：（笑）可以了，完美落幕！

附录一

赵启正历年精彩言论概览

上海机场劝阿翁
总统也落常人泪
中国从未把别的国家当菜吃
和朋友谈话要从心里说
从眼镜说到核弹

一、上海机场劝阿翁

1991年12月22日深夜，巴勒斯坦民族解放运动领袖阿拉法特乘专机由越南飞往阿拉木图，原计划在北京机场加油，但由于北京下大雪只得改在上海虹桥机场降落。不巧，加油后上海机场突然大雾弥漫，他的专机不能起飞了。

此时，苏联剧变和“独联体”成立直接影响到巴勒斯坦事业的前途。阿拉法特急于赶往阿拉木图，与正在那里开会的“独联体”国家的领袖们见面，了解情况并进行面对面的沟通。他坚决要求“以革命的名义立即起飞”。

我于凌晨3点赶到机场，一见面就不容商量地说：“我是上海市副市长。阿拉法特同志，飞机不能起飞。”他问：“为什么?”我答：“天气如此恶劣，就是江总书记也不能起飞。”他又问：“为什么?”我再答：“因为他是我们的同志和领袖。”他口气缓和了，“那么有一个条件，你陪我聊天到起飞。”他用谈判的口吻说。

就这样，我们从中东局势谈到国际形势，一直聊到上午10点，长达7个小时而毫无倦意。他说：“工作最重要，相比之下睡觉就不那么重要。”“当初，我们决定‘土地换和平’计划时，我的一些同志不同意。我和他们一个一个地谈话，连续3天3夜没有睡觉。”

上午 10 点，云开雾散，他上飞机前与我拥抱，说："我在巴勒斯坦等你。"

不久，他手书一函，对上海的接待和彻夜聊天表示感谢，并再次邀请我访问巴勒斯坦。

时隔多年，我遇到了当时随行、后任巴勒斯坦首任驻华大使的穆斯塔法先生，他追忆说："在上海虹桥机场那夜，阿拉法特非要雾中起飞不可，只有你能说服他——他可是一个从来难以被说服的人。"

我相信，真诚往往是解决难题的一把钥匙。

（引自《在同一世界——面对外国人 101 题》，赵启正著，辽宁教育出版社 2007 年版）

二、总统也落常人泪

20 世纪 30 年代，大批欧洲犹太人为躲避德国纳粹的残酷迫害，逃出欧洲。当时，上海是全世界唯一向犹太人敞开大门的大都市。在此期间，上海先后接纳了约 3 万犹太人。

1995 年 7 月，奥地利总统托马斯·克莱斯蒂尔专程来上海，访问当年位于虹口的犹太人难民区。

我陪同总统一行到达犹太人摩西会堂旧址，那里展出了大量犹太人在上海的旧照片以及他们的一些遗物。我告诉总统，展品中有一张当年的身份证，它的主人曾回到这里，触景生情，恸哭不止。总统听罢，欲言又止。

在归途的汽车里，我们谈到德国总理勃兰特到曾经大肆屠杀犹太人的奥斯威辛集中营下跪赎罪的往事。总统说，当年，奥地利是德国纳粹的帮凶，他本人也像勃兰特总理一样多次代表奥地利向犹太人赎罪。

他接着讲了一个故事。有一次，德国纳粹让难民营里的难民排队报数，凡是奇数者马上处死。一个报了奇数的男子说，我有 7 个孩子靠我抚养。这时，一位犹太教士挺身而出，为了孩子，他愿意替这位父亲去死，结果他被纳粹“宽大处置”，没有马上被处死，而是给活活饿死了。

谈话间，车窗外哗哗地下起了雨。我对总统说：“您看，我们今天讲的故事感动了上帝，他落泪了！”此时此刻，克莱斯蒂尔总统再也控制不住自己的感情了，他哭了。车内的人也都已经热泪盈眶。

下车前，我说：“您是位有同情心的平常人。”他回答：“是这样。我是南奥地利人，那儿的人都富有激情。在这一点上，我当不当总统，都不会有变化。”由此，我深刻地体会到：人类善良的天性，不仅使富有正义感的人能克服民族和宗教的差异，得到沟通，而且人类中的绝大多数团结起来，必能战胜邪恶。

（引自《在同一世界——面对外国人 101 题》，赵启正著，辽宁教育出版社 2007 年版）

三、中国从未把别的国家当菜吃[1]

总编先生：

1月7日贵报刊登了标题为《世界，要不要惧怕中国?》（*Should We Fear China?*）的文章，并配发了一幅一双硕大的筷子正夹着几面美国国旗当菜吃的漫画。文中引用了我关于世界、亚洲和上海经济的观点。但是，我不能同意这样一幅漫画的寓意和文章中的一些观点。

我想声明的是：中国从来没有把任何一个别的国家当菜吃的习惯。恰恰相反，任何一个熟悉近代历史的人都知道，自19世纪中叶到20世纪初的中国确实曾被世界上的一些列强当做一道好菜瓜分过。

如果认为哪个发展中国家一旦强盛了就要把其他国家当菜吃的话，这将是一个荒谬的逻辑。按照这个逻辑，那么世界只能维持现状，穷国只能当穷国，富国永远是富国。那么，我们是否也可以画出一幅这样的漫画，即一个超级大国的叉子正在把其他国家也当做一道道菜肴吃掉呢?

去年是反法西斯战争胜利50周年，中美人民都为此作出过巨大贡献。原来希望两国关系会因此进一步改善。然而，过去的一年对中美关系来说是不平静的一年。作为世界上具有重要影响的两个大

① 这封信曾发表于1996年3月8日的《波士顿星期天环球报》上。信发表后，在美国的华人朋友来信说，这是他们见到的在美国报刊上第一次出现的驳斥“中国威胁论”的文章。

国，中美两国应建立正常、稳定和建设性的关系。我衷心希望在新的一年中，经双方的共同努力，使中美两国关系得到新的发展。贵报也一定能为此发挥积极的作用吧。

相信总编先生也会把我的这封信刊登在贵报上。

赵启正

1996年2月29日

（引自《向世界说明中国——赵启正的沟通艺术》，赵启正著，新世界出版社2006年版）

四、和朋友谈话要从心里说

（1998年5月29日在北京阿曼大使馆会见阿拉伯使团全体成员时的谈话）

和朋友谈话要从心里说，不能从纸上说

法里西（阿曼驻中国大使）：尊敬的部长阁下，今天我们在使馆欢迎您，欢迎您来到我们阿拉伯的大家庭中。我们非常高兴听您介绍贵办的情况。先请阿拉伯国家联盟驻华代表萨克特先生致欢迎词。

萨克特：尊敬的部长阁下，今天我们阿拉伯驻华大使坐在您的

周围；准备听您介绍中国国务院新闻办的情况。我们非常了解新闻工作和新闻导向的重要性，对您的讲话，我们在座的每一位都会洗耳恭听。同时，我们还要提一些问题请您回答。

赵启正（以下简称赵）：尊敬的萨克特大使，我非常高兴今天有机会和大家见面。自从我做公务员以来，我有许多机会会晤外国的总统、总理或大使，但同时会见18国大使这还是第一次。能够作为一个阿拉伯大家庭的成员，哪怕仅仅是一个下午，也是我最大的荣幸。（笑声）萨法里尼博士事先给了我5个题目，我的办公室给我准备了非常好的答案。但是和朋友谈话要从心里说，不能从纸上说，所以这个稿子我就不用了。（笑声）

从儿童时读《天方夜谭》起，就梦想着有一张神毯飞到阿拉伯去

麦达尼（以下简称麦）：能和您见面，我感到非常幸福，您是阿拉伯人民真正的朋友。

赵：你这样说我也感到非常荣幸。我从心里热爱阿拉伯人民，从儿童时读《天方夜谭》起，我就喜欢阿拉伯了，梦想着有一张神毯飞到阿拉伯去。（掌声）

麦：欢迎您首先飞到沙特来。（笑声）

（引自《向世界说明中国——赵启正演讲谈话录》，赵启正著，新世界出版社2005年版）

五、从眼镜说到核弹

考克斯是美国众议院议员。1999 年，他在所谓《考克斯报告》中大肆渲染反华情绪。我在批驳他的一次新闻发布会上说，《考克斯报告》把从事中美两国间正常科技交流活动的科研人员——如李文和先生，从事两国经贸往来的商务人员，在美华裔人士，留美中国学生等，都与间谍活动联系起来。这是一种典型的民族偏见，是美国一些反华政客敌视中国的心理表现。

当场就有一位外国记者问我："你说《考克斯报告》反映出种族歧视，能否作深入的说明?"我回答："《考克斯报告》中说，美国掌握核弹技术，共做了 1030 次试验，中国只做了 45 次就掌握了。为什么会这样？必定是'偷'了美国的技术。在考克斯先生看来，中国人不可能那样聪明，只能靠'偷'。这不是种族歧视吗?"

针对考克斯使用的虚拟式描述，我套用他的思维方法举例说：这位赵先生（指我自己）有一副很好的眼镜，极其漂亮、精巧，镜片是树脂的，而且是多焦的，镜架是镀金的，这是事实。推论是，他有这么多钱去买这副眼镜吗？没有，那一定是"偷"的。这么精巧的工艺，中国人做得出来吗？做不出来，那也必定是"偷"的。"赵先生眼镜很好"是事实，那么，他大概是既"偷"了钱又"偷"

了技术。讲到这里，只听到记者席中发出一阵笑声。

（引自《在同一世界——面对外国人101题》，赵启正著，辽宁教育出版社2007年版）

六、面向21世纪的中国人

（1999年9月2日在巴黎联合国教科文组织总部的报告）

理解一个人不容易，理解一个民族就更难。颇受中国人尊敬的戴高乐将军曾说过，人和人之间的距离比地球和月亮的距离还大，但是我们可以通过努力使世界上的不同国家、不同民族，能够克服地理上和文化上的距离，走得更近，走得更亲密。

（引自《向世界说明中国——赵启正演讲谈话录》，赵启正著，新世界出版社2005年版）

七、中国人眼中的美国和美国人

（2000年8月30日在华盛顿全美新闻俱乐部的演讲）

19世纪开始，中国文化特别是以孔子为代表的儒家文化，开始传入美国，对美国文学，主要是以爱默生和梭罗为代表的超现实主义者产生了重要影响，美国现代诗歌之父华尔特·惠特曼在他所著的《只言片语》中就两次提及孔子。悠闲的中国老人的形象频频出现在美国现代诗人史蒂文斯的诗作中："在中国，一位老人坐在松树的阴影里。他看到飞燕草，蓝的，白的，在树荫的边上，被风吹动。他的胡子也在风中飘动，松树也在风中飘动。"只是他不太明白，为什么"那些中国老人，不是坐在山池边整理衣衫，就是在扬子江上仔细端详自己的胡子"？

（引自《向世界说明中国——赵启正演讲谈话录》，赵启正著，新世界出版社2005年版）

八、理直气壮与"理直气平"

听说我要去华盛顿全美新闻俱乐部向记者们演讲，一位我认识的哈佛大学教授，给我写了一封信。他说，你选择了一个"非常危险"的地方，那里的记者们会瞄准你，应对不妥很容易失败。

依他的经验，他有三条建议：第一，不能过于意识形态化，不能感情用事；第二，需要幽默，但不要勉强的幽默（勉强的幽默，效果会适得其反）；第三，不要表现得过于聪明，"太聪明了"，记者们会决心"打倒"你。他的意思是说在答问场合，对方刺激你，你不能生气，否则你就可能失去冷静，影响对问题的思考。

我遇到过这样一件事：在日本的一个国际论坛上，在我演说之后听众提问时，有位女士站起来，以一口流利的日语说："你刚才说你们是维护亚洲和平的力量，你们增加国防费用，就是对准台湾，破坏亚洲和平。”她说完就坐下了。我说：“你说了你的观点，可你忘了提问题。但是，我还是要告诉你，台湾是中国的一部分，这是全世界都承认的。有人要把台湾分裂出去，就如同有人要砍掉我的这只胳膊，大脑不会答应，身体也不会答应。没有哪一个国家不发展国防力量，中国也不例外。”接着，我又完整地表述了我们对台湾问题的政策。事后，我得知她是一个台独分子。

我当时理直气壮在心，“理直气平”在外。会后日方的主办者对我说：“这位提问者确实蛮横，你的回答清晰、有理、有力，令人不能不认同。”

（引自《在同一世界——面对外国人 101 题》，赵启正著，辽宁教育出版社 2007 年版）

九、中国的变化是很快的

（2000 年 11 月 2 日在北京日本驻华记者茶会上的谈话）

记者（日本经济新闻）：如何看待美国总统大选？希望谁当选？

赵启正：预测美国总统大选的结果是很危险的，因为从目前看，两位候选人当选的可能性几乎相等。这次两位候选人的竞选演说并未以中国为焦点，我们不好判断谁会对中国更好或者更坏一些。无论谁当选美国总统，他都应该维护中美关系的大局，因为这符合中美两国的共同利益。我本人只接触过老布什和戈尔副总统。我在上海任副市长期间，向到访的布什先生介绍浦东开发的模型时，用了一个激光指示器，他说他很熟悉这个激光指示器，鲍威尔将军曾用这个指示器向他介绍过海湾战争的打法。我告诉他说，我和鲍威尔有很大的区别，我的笔指到哪个楼，哪个楼就要长起来，鲍威尔的笔指向哪个楼，哪个楼就要被炸掉。(笑声)

(引自《向世界说明中国——赵启正演讲谈话录》，赵启正著，新世界出版社2005年版)

十、文化的理解是最重要的基础

(2001年9月14日在柏林亚太周记者招待会上答记者问)

赵启正(以下简称赵)：德国是一个历史文化悠久的国家，产生过许多伟大的哲学家、思想家、音乐家、文学家、科学家。对这样的国家，我们从哪个角度来介绍中国是个新的课题。有一位日本老人告诉我：他总觉得每个中国人都像是他的文字老师。从这个意义上来讲，中国人总觉得每个德国人都像是哲学家。(笑声)现在我愿意回答大家的问题。

德国记者：目前有一个现实的问题是美国遭到恐怖分子的袭击，世界上许多国家都表示了对美国的同情与支持。据说，中国年轻人则表现出幸灾乐祸的情绪，请问是否有这种现象？

赵：事件发生之后，我也在思考，这次恐怖事件对我们会带来什么样的影响？可能我比其他中国人更敏感之处在于，我本人在上海工作时，在那里建造了一座与纽约的世贸中心几乎一样高的大楼——金茂大厦，属世界第三高度。金茂大厦在设计、管理等方面与世贸中心有着良好的关系，现在它失去了一个好姐妹。由此我想到，这样的恐怖活动不仅对美国，事实上对所有国家都具有威胁。

至于你刚才所说的中国某些年轻人的反应，我相信是有的。但中国人口很多，光是在校大学生就有1000多万人。而真正在网上表达这种情绪的人，在1000人中不会超过1人。他们显然联系到了中国驻南使馆被炸和中美撞机这样的事件，因此这只是他们一时的感情表达，而不是哲学的思考。（笑声、掌声）

中央电视台记者：这次柏林“亚太周”活动和1999年巴黎“中国文化周”以及去年的“中华文化美国行”相比，最大的不同点是什么？

赵：这次“亚太周”与前两次在法国和美国的活动的内容与种类有所不同。德方选择节目的标准很高，要求也十分细致。有时幽默很难翻译，让我试一试：德国人在文化艺术上是很挑剔的，不好伺候。（笑声）换句话说，我们的交响乐队就不能来，因为德国人的耳朵早已被（德国的乐队）惯坏了。（笑声）

（引自《向世界说明中国——赵启正演讲谈话录》，赵启正著，新世界出版社2005年版）

十一、以文化的方式向世界说明中国

（2004年1月接受《对外大传播》主编申宏磊访谈）

我们所做的是外交部之外的“外交”，也就是“媒体外交”

申宏磊（以下简称申）：您的演讲总是激扬着文采，言谈中，又传递着一种力量，那是一种无处不在的智慧的力量，比如您在美国的演讲《中国人眼中的美国和美国人》。我想了解这是您个人文风使然，还是您有意识地在改变、在向大家示范传播中国的方式和技巧呢？

赵（以下简称赵）：每个人的工作风格都各有特色，这不需要我去示范。再者，在美国的那篇演讲还不是我最满意的，那次演讲据说被美国的一个机构拿去研究看是不是能代表中国官方的观点，研究的结果，证实了是代表中国政府观点的。（风趣地笑了）

我认为，在经济全球化、世界多极化、通讯技术高度发达的今天，任何人、任何国家都不能孤独地生活，任何国家和民族对世界别的国家和民族的理解，都将对本民族的发展和振兴产生重大意义。

也许可以说，我们所做的工作是外交部之外的“外交”，也就是

“媒体外交”，通过媒体来说明中国，表达国家和政府的想法。我们就是要通过“沟通”告诉人家一些客观事实，当然，还要有观点。“外宣”的意义一是传播事实，二是传播友谊。圣彼得堡的芭蕾舞、百老汇的音乐剧《猫》、中国民乐的出国表演等，都属于友谊交流。我们要针对不同的国家、不同的人，精心准备我想说的和对方想知道的最重要的内容，并将其融会贯通。

中国对外开放比较晚，也是外国人了解中国不够的原因之一。

世界上除中国之外有50多亿人口，当然绝大多数人没有来过中国。大约每年来中国访问的外国人有1000万人次，不到世界人口的六百分之一。因此，只靠外国人访问也不能解决如何让外国人了解和认识中国的问题。那么，就需要加强对外“说明”中国。我们的任务就是做与外国人的沟通工作，向他们说明今天中国的现状，以达到相互了解和理解。

申：初次听到您在讲对外宣传时用了“说明”这个词，确实有一种耳目一新的感觉，甚而意识到这是中国新闻传播领域内一个新的时代的到来。您为什么使用“说明”这个词呢?

赵：我刚才说了，能来到中国的是很少数的外国人，他们中许多人对中国的认知不多。对这些人要从头讲起，耐心说明，因为他们不是在中国生活和受中国教育长大的。

我在法国演讲时说，1900年，中国妇女是挪着小脚进入20世纪的，到了2000年，中国女足是以队长孙雯临门一脚的劲射迈进新世纪的。我对他们说，巴尔扎克的译文在中国比在法国出版的原著还多，但比较起来法国人对中国的了解就少得多，这是需要补足的。

接下去的答问中，他们问：“中国有二奶现象，您怎么看?”

当时“二奶”这个单词是用法语音译的，发音不准，一开始我没反应过来是什么意思。明白过来后我说，“二奶”是个丑陋的现象，中国政府是坚决反对的。中国是从封建社会过来的，有些落后地区的妇女竟能容忍丈夫的这种陋习。在这里我们也传达出一个信息，我们希望这些中国妇女勇敢地站出来，利用法律的武器与这种现象作斗争。于是大家在下面鼓掌。

然后，我又说中国离婚率原来只有1%到2%，现在到7%了，法国的离婚率接近50%，那么法国离婚率高是由于天生的浪漫主义色彩呢，还是受美国生活方式的影响? 噢，于是大家又理解了，哪个国家都有自己的弊病，下面又有许多人鼓掌。

申：这种沟通太有必要了!

赵：……为了能沟通得更好，每次演讲前，我不但要看许多书，有时还把演讲稿请在美国大学当教授的弟弟看，他是研究比较文学的。为了演讲成功，我还曾在美国大学先试讲。我发现，我的演讲到了美国教授和美国记者那里，他们会在不同的地方鼓掌，都是美国人，职业不同，幽默感也有不同。对外表达只说“内外有别”还是不够的。

（引自《向世界说明中国——赵启正的沟通艺术》，赵启正著，新世界出版社2006年版）

十二、“青山”“白铁”两依然

2004年，我在与日本主流媒体论说委员（社论执笔）访华代表团座谈时，彼此直率地就中日之间存在的各种问题交换了看法。

日本一位大报的论说委员说：中国政府和国民始终不能接受日本首相参拜靖国神社。日本人有对死者拜祭和尊重的传统，人死即成神，不追究生前做什么。中国是否能从文化角度予以理解？

我回答：两国在文化上确有差异。日本有多神信仰，我国也有敬逝者为神的；但在中国，只有伟人（如诸葛亮）或英雄（如关羽）才会被敬为神，而不能对所有的人一概而论。

我接着说：大家去过杭州吗？西子湖畔有岳飞墓，那里有一副对联：“青山有幸埋忠骨；白铁无辜铸佞臣。”禅宗在日本也很流行，“放下屠刀，立地成佛”的意思是对改过的人要宽宏。但是，在靖国神社中的东条英机等甲级战犯并未自悟而放下屠刀。中国人对日本首相参拜靖国神社表示不满和愤怒，这是明白又单纯的感情和道理。

会见结束时，一位日本论说委员，很客气地向我索要我解说时写在纸上的岳飞墓对联。我很希望他们能理解，日本政要参拜靖国神社，不能简单地归结为文化差异，而是在大是大非面前，是否持有正确的历史观的问题。

（引自《在同一世界——面对外国人101题》，赵启正著，辽宁教育出版社2007年版）

十三、中美之间应“和而不同”

（2005 年 3 月 3 日在北京会见美国驻华大使雷德时的谈话）

雷德（以下简称雷）：我们的目的是要维持台湾地区的和平与稳定，我们的政策在过去 30 年也做到了这一点。维持现状并不伤害中国。

赵启正（以下简称赵）：我把您这句话再理解一下，你们的立场就是“美国利益至上”。中国决不允许分裂，但如果海峡两岸真发生战争，受损最大的是我们自己，并不是美国。

雷：那样的话，每个人都是输家。战争并不是一个好主意。

赵：输也有轻有重。林肯总统最大的功劳就是维护了美国的统一，在林肯纪念堂写着：“他活在人民心中，他拯救了联邦的统一。”当时，美国南方省份已经宣布独立，但林肯没有屈服。为了维护联邦的统一，美国南北战争死亡人数高达 50 多万人，接近一战、二战期间美国阵亡士兵的总和，因此有了“葛底斯堡演讲”。如果中国有个省份宣布独立，难道中国就没有像林肯一样的英雄？就没有准备去葛底斯堡安眠的勇士？

雷：我们也这样认为，并明确地告诉过陈水扁。

（引自《向世界说明中国——赵启正演讲谈话录》，赵启正著，新世界出版社 2005 年版）

十四、推开“浦东逻辑”的历史之门

（2005 年 4 月 18 日接受《国际金融报》记者采访）

浦东开发与对外宣传

记者：从事浦东开发开放的主政经历，对于您今天在国务院新闻办公室主任的岗位上做好对外宣传，向世界展示中国改革开放的形象有怎样的帮助？

赵启正（以下简称赵）：浦东开发期间，我接待、结识了大量的外国政要。当时到北京访问的外国政要，其中 70% 以上都要到浦东参观访问，其中包括许多总统和总理。

当年，法国总统希拉克在汤臣国际酒店演讲时说：“我愿意在这里演讲，因为这里是太阳升起的地方。”在会议前，他对我说：“大运河是历史，长城是历史，浦东也是历史。”说完，希拉克要和我合影，可是摄影记者黎自立相机里的胶卷只剩一张胶片了。希拉克说：“你装胶卷吧，我们等一下。”可见他对于浦东开发这一历史事件的热情。

在路过进才中学时，我告诉他，这是伴随浦东开发而诞生的一所中学。希拉克对这所学校很感兴趣。我告诉他：“遗憾的是这所学校没有法文课。”希拉克当即指示法国驻华大使帮助安排法语教师和寻找教材，后来，这所学校很快开了法语课。去年，我访问法国时，告诉希拉克，进才中学已有了法文课。

我离开上海到北京上任时，整理名片时发现仅日本客人的名片就达3500张。可以说，在浦东工作时，我不仅结识了很多日本朋友，还结识了众多世界各国的企业家和学者，为我今天做好“向世界说明中国”的工作提供了基础和方便。

浦东开发和我今天从事的对外宣传工作，都需要建立良好的国际公共关系。基辛格博士参观东方明珠电视塔时，居高临下，一览浦东颇有感触。他说，你们这些大楼和高科技工厂都很成功、很宝贵，但更宝贵的是你们的国际信誉。当初人家敢到那样偏僻的浦东来投资，是对你们的信任，这比这些大楼和工厂更宝贵。你们的国际公共关系是成功的，这是最重要的成就。从国际社会对中国的误解，到对中国政府的信任，在促使这一转折的关键环节中，浦东开发的决策和行动是很起作用的。

从我现在从事的外宣工作来说，也借助了已有的和新建立的广泛的国际公共关系。在国际公共关系舞台上，和我们打交道的都是“公关老将”，都是左右平衡有致的人物。我们要善于使用国际化的语言，表达我们的声音，维护我们的利益，但是又不伤害对方，争取双赢。这样才能建立有利于我们的国际舆论环境。

在国际交往中特别要恪守信誉。在谈判过程中，宁肯谈得慢一点，也要把我们的主张讲充分、讲明白；而一旦达成协议，就要讲信用，严格按照协议去办。做好外宣工作要求我们“内知国情，外知世界”。

记者：您在浦东开发历史上的阅历，对您担任国务院新闻办主任显然是有益的。有没有这样的情况，当您出席外事外交场合时，人们介绍说“他曾经是浦东新区的主任”，从而把您个人作为一个宣传的“符号”？

赵：是有这样的情况。浦东是上海的浦东，是全国人民的浦东。浦东开发的成功，首先感谢邓小平同志高瞻远瞩，感谢党中央、国务院的领导，感谢中共上海市委的领导支持，感谢上海市民和全国人民的支持！

在浦东与国际社会打交道的经验告诉我们，用我们的思维方式去说英语、日语、法语时，并不能够很好地表达我们的思想。

外宣工作需要的是“文化的翻译”，是我们按照对应国的思维方式、语言习惯和市场经济的方式去表达中国。概括地说，就是要用国际语言表达中国立场、中国观点，维护中国的国家利益。

我现在从事对外宣传工作，还要结识和熟悉各国主要媒体的社长、主编、评论员。他们的思想和风格不同于政要和企业家，和他们成为朋友，熟悉他们的工作方式，这样，才能开展我们的工作，传达我们的意见，以适合他们的方式表达中国形象。

（引自《向世界说明中国——赵启正的沟通艺术》，赵启正著，新世界出版社2006年版）

十五、文化是财富，友谊也是财富

（2005 年 5 月 15 日参加中央电视台《高端访问》节目——2005《财富》对话）

深刻理解“财富与文化”

赵启正（以下简称赵）：财富和文化，应当从广义上去理解。财富不只是指金钱或经济实力，作为一种价值观，文化是一种财富，友谊也是一种财富。而从广义上来看，文化不只是书刊、报纸、电影，而是一种民族特性。国家与国家、民族与民族之间的沟通，文化沟通是基础，是最重要的沟通。文化沟通了，财富才能沟通，也就是说，能促进各国的经济和其他方面的社会发展。

国家的形象人人有责

主持人：我们都知道赵先生在中国常年从事外宣工作，您在很多场合强调一个概念叫“国缘”。您强调“国缘”的原因是什么呢？

赵：“国缘”是个比较形象的说法，我想说国家的形象人人有责。美国的每个人，从总统到清洁工都对美国的形象负有责任。在中国也是一样，从国家主席到我们普通人，都对国家的形象负有责任。目的就是要使外国人、使世界对中国有一个好的印象和评价。有一些国家在贸易中不讲信用，货到了不付款，它的“国缘”就不好。如果一个国家“国缘”不好，那么在国际交往中付出的成本就会增加，甚至有的事情做不成。我们有些事本来挺好的，但由于我们对外表达得不够，人家不了解我们，也不行呀。所以，我觉得要向世界说明中国，说明中国的社会进展、政策，回答外国人对中国不明白的问题，这样使中国的国际形象得到一个真实的表达。而真实的中国是很伟大的，也是很可爱的，也就是说中国有好的“国缘”。

（引自《向世界说明中国——赵启正的沟通艺术》，赵启正著，新世界出版社2006年版）

十六、与世界媒体同行

（2005年5月16日在2005北京《财富》论坛文化圆桌会议上的对话）

媒体应多讲事实，让读者自己去判断

蒲思鼎（美国《时代》杂志总编辑，以下简称蒲）：赵主任，您能不能从中国人的角度来解释一下什么是“宣传”，什么是“说明”？这两者有什么区别？

赵启正（以下简称赵）：中文中的“宣传”找不到英文的对应词，它包括表达、描述、说明等诸多含义。以前往往被错误地翻译成 propaganda，这个翻译流传已久，反倒干扰了中文“宣传”这个词本来的正确意义。所以，我们现在对世界表达中国就用“说明”（description）、公布（publicity）、推介（present），或者“传播”、“交流”（communicate）这样的英文。我们愿意介绍一个真实的中国，愿意说明中国的进步，也愿意说明中国的不足。我们之所以进步，是因为改正了缺点或发展了新的优点，那就是一个崭新的面貌。所以，中国政府鼓励媒体说明中国的进步和不足，鼓励中国媒体对外要多讲事实，让读者自己去判断。

中日是近邻，谁也不会搬家

蒲：过去几年中，中国的互联网不断发展，中国人开始用互联网进行交流。过去几个月里，互联网上有很多中国青年不断讨论中日关系。您认为利用互联网进行传播和交流对中国的信息传播是积极的事情，还是让您很担忧呢？

赵：中国政府对建设互联网持十分积极的态度，发达的互联网提供了廉价和高效的沟通机会。当然，人们在读互联网新闻的时候和读严肃报纸的时候，需要有不同的判断。因为在互联网上，个人也都可以发表信息，因此就有不准确的时候。

在积极发展互联网的过程当中，我们尽量防止传播不良信息，比如暴力、色情和假消息。此外，还有垃圾信息。我知道，你问的是政治方面的考虑。政治方面我们要求遵守中国宪法，如果是发表分裂国家的主张，我们坚决予以禁止。在维护国家的根本利益这一点上与美国没有不同，当然两国的国家利益是不同的。

蒲：互联网上有很多表达民族主义或者爱国情绪的，也有谈到跟美国的贸易关系或中日关系，以及和台湾的关系的。几个星期前，台湾的两个反对派领导人也刚来中国大陆访问过。所以，除了互联网可能带来的风险，您认为互联网是不是一个有价值的信息和民间舆论来源呢？

赵：中国有将近一亿互联网用户，其中以年轻人为主。互联网所反映的情绪不是全体中国人的情绪，主要是一部分年轻人的情绪。所以根据它来判断整个中国的民间舆论是不全面的。前一段时间，互联网上对台湾两政党领导人来访的报道比报纸要多得多，图片、花絮趣闻更多，网民对他们的来访作了评价，总体上是热情积极的。

你刚才两次引导我，想让我谈中国对日本的态度。但这里没有日本来宾，我们背后说人家不太好吧。（众笑）中日在二战中是敌人，中国人民受到了巨大的伤害，这样的伤害，中国人不会忘掉。当然，我们并没有让日本现在的年轻人承担责任，可是日本政府某些人物有对于战争历史的错误言行，如参拜靖国神社等，使中国人民回忆起了战争中的痛苦。但是，中日友好是两国人民的共识，我们愿意以史为鉴，发展未来，要铭记历史，启示未来。请你们放心的是，中日关系还将有很好的发展。我们是近邻，谁也不会搬家。（众笑）

（引自《向世界说明中国——赵启正的沟通艺术》，赵启正著，新世界出版社2006年版）

十七、一位无神论者和一位基督徒的友好交流

（2005 年 5 月 20 日会见美国宗教领袖路易·帕罗时的谈话）

您对《圣经》的概括实在是太完美了……所以我不能对您布道

赵启正（以下简称赵）：我是从事核物理研究出身。物理学中牛顿定律很简明，《圣经》太繁杂了，《圣经》也应该像牛顿定律那样，可以归纳出几条基本的东西。

帕罗（以下简称帕）：您说得对。赵先生，您读过《圣经》，我想请问您对《圣经》中什么印象最深刻呢？

赵：物理学中牛顿定律只有三条，但《圣经》三条不够，我看有四条。一是上帝无时不在，无所不在，是全善的，是全能的；二是人是有原罪的，所以不能和人沟通；三是上帝派耶稣来和人沟通；四是人不要企图主导自己，要靠耶稣和《圣经》来主导自己。

帕：您对《圣经》的概括实在是太完美了，我这个布道者也无法表达得这么完美、这么准确。您说的比我布道时说的还好，我说不了这么简练，我看您都可以布道了，所以我不能对您布道。（众笑）

赵：简明是一种美！牛顿定律就是一种简明的美。牛顿定律、

爱因斯坦定律是简单的，但推论却是丰富多彩的。

我看《圣经》，但我不是信徒，因为我不能理解上帝

帕： 是的，我最近看了爱因斯坦关于宗教的一个讲话。爱因斯坦说，关于宗教，我是在思考上帝在想什么？上帝是怎样创造世界的？这两个是最根本的问题，其他的都是细枝末节。

赵： 我看《圣经》，但我不是信徒，为什么？因为我不能理解上帝。从我的经验看，我很难理解《圣经》上说的：上帝是全善的，超形态的，这是说“上帝是超越我们感观和经验的存在”，所以我不能理解。我只能理解实在的，我不知道上帝说英文、法文还是西班牙文，我也不知道他的形态如何，所以我不能理解上帝这样形而上的概念。

帕： 正因如此，才需要耶稣帮助人们沟通。

赵： 我跟您谈话要小心了，再沟通就把我沟通到上帝那儿去了。（众笑）

无神论者相信人是自由的

赵： 世界上大的宗教都是一神论，但中国的佛教、道教并不排斥其他宗教，比较宽容。其实，中国宗教中佛和神也不一样。我不赞成一些极端主义者把无神论者和其他宗教教徒都视为异教徒来对待，这恐怕就不合适了，因为我们并没做危害它的事情。我很难赞

同这种极端的观点。

帕：这是很危险的想法，这样会使人们生活在恐惧之中，太可怕了。上帝对人不能像人控制计算机那样简单，要给人自由，否则，人就成计算机了，不能把人变成机器人。

赵：无神论者相信人是自由的。《圣经》说上帝是万能的，既然上帝是万能的，为什么上帝不能阻止邪恶和海啸，不能阻止自然灾害的发生呢？

帕：您说的这一点很重要。我们不能因为人的邪恶去责怪上帝给我们自由的愿望，上帝和我们是朋友，邪恶来源于人的内心。关于海啸的问题，我们可以交流看法，可以再想想。我认为，灾害是上帝引起处于冷漠中的人们注意的方式，是为唤醒人的良知，上帝的目的是永恒的，而现世是有限的。

赵：哦！不过这代价太大了。

如果全人类的人权都十分完美了，上帝就没有任务了

赵：还有另外一个事情，和政治有点靠近了，也许您没有兴趣。

帕：OK。

赵：实际上，美国和欧洲，特别是美国，在中国的政治制度、中国的宗教和新闻等方面，对中国的误解和攻击很多。最后把这些都放在一个篮子里就是人权问题。我想，人权问题，世界各国都不完美，美国和中国也不例外。如果人类的人权都十分完美了，上帝就没有任务了，人类自己就不必努力了。

宗教不是上帝设计的

赵：我也发现宗教界的上层人士，或是经过高级神学训练的人，逻辑性都很强，这可能是宗教本身讲究哲学的原因。

帕：您知道，因为哲学涉及到人的精神上的需求，而宗教是关于人的内心，关于人的灵魂。《圣经》把人分为三个部分：人的身体、人的灵魂以及人的精神。因为人的身体是人的物理存在，那么，不信教的人认为身体就是一切，但对于我们信教的人来讲，还有精神，还有灵魂的存在。

很多情况下，人们更多地关心人的身体和灵魂的存在，而忽略了人的精神的存在。所以，整个哲学层面的东西更多地关心精神上的、情感上的和智力上的。正是由于人们精神层面相关的需求，让你去接近和了解上帝。

圣保罗曾经提到过，除非我们把心灵向上帝敞开，否则，在精神上来界定我们，我们是死人。所以，宗教更关心人的终极追求（ultimate concern），哲学关注精神层面的追求。

赵：Ultimate concern 以往常常译成“终极关怀”，近来译成“终极关切”就比较准确了。

我解释一下无神论者关于灵魂和精神的观点，供您比较。

帕：好啊。

赵：无神论者并不认为我们没有灵魂和精神，灵魂和精神与您解释的有相同的地方，但是也有不同的地方。从哲学上说，要分清两个概念，一个是 religion（宗教），一个是 religiosity（宗教性）。宗教有很具体的教义、教规、仪式、教堂、信仰者身份和神职人员等。而“宗教性”在许多中国人看来，与之相近而又不同，如一个人信奉儒学，但他不是某个宗教信徒，他不是没有信仰。中国人认为，如果人只有物理的、身体的存在，而没有灵魂和精神的话，无异于一头牛、一只羊、一条鱼。

我们认为，人要有伦理意识，孔子说过“己所不欲，勿施于人”，孟子说过“老吾老以及人之老，幼吾幼以及人之幼”。这几句中文是很漂亮的，但翻译起来就啰唆了。

帕：耶稣也说了一句和您刚才说的一样的话：爱你的邻居像爱你自己一样。在这方面，双方的教育非常一致。

刚才您提到了宗教和宗教性的区别，我常说基督教不是宗教，因为宗教是人们努力找到上帝，找到终极目的。那么，当我们谈到基督教的时候，实际上是谈基督和世人建立某种关系，而不是建立某种宗教。

赵：我还要对您的话作一个呼应。宗教不是上帝设计的，是人们设计的，以此来接近心中的上帝。

帕：没错。

（引自《向世界说明中国——赵启正的沟通艺术》，赵启正著，新世界出版社 2006 年版）

十八、与佩雷斯论智慧

（2005年8月3日在特拉维夫与以色列副总理、以中关系促进会名誉主席西蒙·佩雷斯的谈话）

历史是最好的老师

赵启正（以下简称赵）：……我在访问世界各国时，参观当地的纪念馆是我主要的行程之一。纽约、华盛顿、莫斯科、圣彼得堡、法国诺曼底的纪念馆我都参观过，这次又有机会参观了特拉维夫的大屠杀纪念馆。我也曾参观过日本的长崎和广岛纪念馆，但它所展示的内容和启示与这里不同。日本人民也曾因战争遭受了巨大的苦难。

佩雷斯（以下简称佩）：日本人民虽然在二战中遭受了苦难，但战争是日本挑起的。

赵：您说得很对，日本对那次战争的表述与我们不同。

佩：我曾去过长崎的纪念馆，展览的内容也很感人。当然，前一代人所犯下的罪行不一定由下一代人继续为之付出代价。我认为，这些纪念馆的目的不仅仅是纪念，而是要给人们一种警示，不让战争的悲剧再次上演。

赵：访问中，很多以色列的朋友对我说，这一代人的任务就是要把纪念馆办好，不要推给下一代。不然人们对以前的战争和遭受的迫害将会越来越模糊，回忆也将有可能中断。

佩：年轻的一代对历史缺乏耐心。对他们来讲，未来是那么迷人，而过去看起来是如此的苍白。他们因历史充满血腥而内心感到沉重，他们更希望历史是红色的而非血色的。

赵：历史是最好的教师，但不真实和被扭曲的历史是坏教师。

应该在冬天学习绘画

赵：以色列一直怀着友好的态度，对新中国几十年的发展给予了积极的评价。外国领导人，特别是欧洲领导人到中国上海参观时都愿意到犹太人故居参观。不久前去世的奥地利总统克莱斯蒂尔也曾去参观过，当时我是陪同，他很激动并落了泪。

佩：他也是犹太人，生前与我是很好的朋友。

赵：是吗？我至今才知道。他对我说，二战中奥地利是德国的帮凶，也是对不起犹太人的。

佩：以色列开国总理本·古里安在50年前就对中国抱有亲切之感。他曾向西方国家的一些领导人表示说，中国代表这个世界的未来。50年前的中国，正是新中国刚刚建立，国家百废待兴之时，古里安总理那时就认为中国是世界的未来，说明他对中国的文化、历史和人民一直怀有深切的情感。一个人若学习绘画，应在冬天学习。因冬天里大自然中没有绿树成荫，树干没有遮掩，树叶凋零，一切都是赤裸裸的。这时画画，才见真功夫。我想说，本·古里安总理在中国还处于低谷之时就已经预知到了中国的未来。

赵：我明白为什么犹太人中会出现那么多的哲学家了。作为有名的政治家，往往都有很高的哲学智慧。

佩：（笑）可是我自己不是很肯定，但我们确实要不断思考，不断学习。我觉得最聪明、最好的思考方式就是要遵守道德准则，要诚实。中国的孔子不是也要求人们在任何时候都要崇尚仁德吗？

犹太人历史上曾有过许多黑暗的日子，但即便如此，我们仍然很好地保持了我们的道德准则，这对于我们既是准绳和指针，又是我们彼此团结支持的力量。

赵：一个民族越是长期地遭受苦难，越容易产生思想家。在一个非常优裕的环境中往往会滋养思想上的懒惰者。孔子一生受过很多的苦难和挫折，因此产生了许多优秀的思想。爱因斯坦的早期生活也很艰苦。

佩：对，他年轻时也曾发生过许多不幸的事情，对他个人来讲有如一场场灾难。

赵：中国人认为，一个伟大的人物一定要有受苦的经历。如果是贵族式生活中成长的青少年，恐怕不会有太大作为。这也许能够解释犹太人中的优秀人士比例较大的原因吧。

佩：谢谢！也许是这样。对于犹太人来讲，我们没有土地，没有石油，没有自由，也没有独立。我们拥有的就是我们保持独立的个性，保持我们的思想，保持我们民族的特性。

年纪大不是罪过

赵：思想财富是不会被掠夺的，谁都拿不走。

今年您曾接受过中国电视台记者的一次采访，在中国播放了多次，影响很大。其中您说的一句话对我也是一种鼓舞。您说，年纪大不是罪过。

佩：我的确说过年纪大不是罪过（crime）。关键看你如何理解和利用它。有些人可能认为年纪大是一种罪过和负担，但年龄的增长可能会使你更加果敢、智慧。

聪明和智慧的区别

赵：聪明和智慧是有区别的。美国数学家、诺贝尔经济学奖获得者纳什也说过，人年轻时可能很聪明，但年纪大了会更有智慧。我认为，对于政治家来说，拥有智慧更加重要。

佩：的确，聪明和智慧是有区别的。聪明是你如何更好地使用你所学到的知识，而智慧是用所学的知识预知未来，预测未来可能发生的事情。我的政治导师、以色列的开国总理本·古里安曾对我说，专家是指对于已经发生的事情进行深入研究的人，而真正的智者需要能够预知将要发生的事情。

赵：智慧需要丰富的知识基础，知识经过个人的努力也许能较快地积累起来，但智慧的成长则需丰富的阅历和自我磨炼——这就需要时间。令人惋惜的是，当具有足够的智慧时，他也具有了足够的年龄！

佩：现在人们很多时候都热衷于锻炼身体，强健自身的体魄，但是，与此同时人们也应锻炼他们的心智和头脑，不停地思考问题，保持头脑的灵活。有一位获得诺贝尔奖的女士，她曾解释动物与人的区别在于两个方面，第一是人能够训练并培养智慧和大脑，而动物不能，第二是动物虽然能够听、看，并在头脑中保存记忆，但它不能像人一样将这几个功能综合组合起来。这对于人和人的生命来说十分重要。（顺手拿起放在桌上的空矿泉水瓶并将瓶口朝下握在手中）这位科学家曾举例说明人是有丰富的想象力的。你将一只苍蝇放入这个空瓶中，但它不知从下面的出口出来，它会不停地往上飞，因此也就永远出不来。有一位英国的科学家写过一本书，书名就是《瓶中的苍蝇》。（指瓶子）你要是把人装到这里，他早就会顺瓶口逃掉了。（众笑）

赵：人和动物的区别似乎还可补充一点，那就是动物的经验几乎每一代都是从零开始，而人不是。人有父母和社会对他的教育，把经验和智慧给他，因此一代比一代的起点高。

佩：根据进化论的观点，动物也有不断进化和演变的过程。尽管它们的父母也许不能改变它们什么，但它们会随着周边环境的影响而改变。

赵：这种进化是限于本能方面的，上一代动物没有文化遗产给下一代，动物没有文化财富的积累。对下一代没有教育的物种进化和有教育的逐代的进步有质的不同。我们今天的人要比 1000 年前的人聪明，而今天的老虎比千年前的老虎大概并不显得聪明。

佩：（笑）如果老虎聪明，就不会在今天成为数量急剧减少的濒危动物了。

（引自《向世界说明中国——赵启正的沟通艺术》，赵启正著，新世界出版社2006年版）

十九、公共外交的作用

（2006年8月3日在日本东京举行的第二届“北京·东京论坛”上的讲话）

日本经济即将走出“失去的10年”。相形之下，中日关系是否能够走出“倒退的5年”呢？面对严重的政治障碍，我们不能静观，因为我们不是局外人；我们不能束手无策，因为我们相信事在人为。

中日关系不仅对于两国的眼前利益和长远利益极为重要，而且对于整个亚洲的未来也极为重要。毫无疑问，这也是双方的共识。

中日两国之间应该扩大展开内容和内涵更为丰富的“公共外交”。公共外交的作用主要就是要通过两国间多渠道的交流，促进两国公众之间正确的理解和认识，为两国政治、经济关系的发展提供广泛的民意基础，意味深远。

二十、跨越文化障碍，更好地向世界说明中国

（2006年8月31日在北京“跨文化传播论坛”上的讲话）

跨文化差异和障碍

由于中国近几百年来逐步落后，开放较晚，加上中文的特性，以及中文不普遍等原因，世界对中国的了解不多，误解却较多。《圣经》中的“黄金法则”——“己所欲，施于人”（要别人如何对待自己，自己就如何对待别人），不仅基督徒熟悉，西方人熟悉，也传遍世界大部分地区。而我们孔子的“己所不欲，勿施于人”的理念，比西方人的“黄金法则”观念更久远，更简明，更美，但却没有在国外广泛流传。

中国文化属于世界

中国文化是人类文明的重要组成部分，中国文化属于世界，理应回馈和贡献给世界。文化不是数学方程，得出了正确的解，其他的解就都是错误的，不同的文化可以共存，文化正是由于差异

而各呈缤纷，构成了世界文化大观园。文化也不是血液，不同血型不能相互输血，但不同文化却可以相互学习、相互渗透、相互影响。从文化的角度上说，一个国家的强盛，从长远和根本上取决于她的文化的吸引力。一国软实力的强弱，其文化的传播和影响非常关键。

二十一、中华文化的对外传播

（2006年11月24日16时在人民网“强国论坛”与网友在线交流）

外国人的思维方式和我们不一样，语言不一样，如果让他们明白我们所想、我们所做、我们的价值观，就要下一番工夫，不仅仅是语言要翻译，而且是要一种文化的翻译。也就是说，中国故事，国际表达。《梁山伯与祝英台》是个好故事，比起《罗密欧与朱丽叶》更感动人，但是《罗密欧与朱丽叶》全世界都传播开了，《梁山伯与祝英台》如果用越剧来唱，过长江过黄河就很困难，如果用小提琴协奏曲，外国人就听得懂，这就是一个例子，这就是中国的故事，国际的传播。

二十二、对话，促进和谐之路

（2008 年 10 月 28 日在巴塞罗那“东西方对话”论坛上的演讲）

显而易见，东西方的文化交流不仅是跨语言的交流，更是跨文化的交流。文化的重要内容是信仰、价值观、思维方式和生活习惯等等。文化差异在当代社会也包括意识形态、社会制度的差异。但其中对待宗教信仰的差异态度是值得重视的。一般认为，全世界自己承认有宗教信仰的人口大约是总人口的 81%，在中国大约只有 2 亿人信仰某一种宗教。于是，有人会误会多数中国人没有宗教信仰因而就没有道德戒律。这确实是一个天大的误会。不信仰某种宗教，并非没有自己的信仰，也并非反对某些宗教教条，如许多中国人不是佛教徒，但却把佛教的教义“诸恶莫作，众善奉行”奉为自己的道德准则。

二十三、公共外交，匹夫有责

“公共外交”是指面对外国公众的一种国际交往。它的主体不只是政府的外交部门，而更强调非政府组织。这里包括大学、研究所、媒体和各种人民团体等。它们都可以而且有义务承担对外国公众表述中国进展和表述中国政策的责任。通过公共外交可以更直接地面对外国公众，可以减少西方媒体传播中对中国形象的扭曲和片面性。公共外交是一种广泛的、长期的、基础性的国际工作。

中国国力越来越增强，对世界的影响力越来越大，这是客观事实。现在，中国发生的事情往往就是世界的事情，随时可能成为世界舆论的主题。因此，中国有必要通过公共外交增强中国的话语权。国际上也要求中国承担对等的国际责任。

中国应当加强跨文化交流的本领，拓展公共外交，加深和国际社会的互相理解，减少不必要的误解。如果我们都能够做到“公共外交，匹夫有责”，能够带着公共外交的意识和国际交往，那么，中国的国际形象将为之一新。

责任,知识,表达,倾听,讨论。这就是公共外交的意识和境界。

在国际交往中，一个人的言行不仅表现着他个人，还会在自觉不自觉中反映出一个国家、一个民族的文化因素。1981 年，我在北京饭店会见发明彩色电视的美国 RCA（美国无线电公司）的代表团，他们的一位工程师随口对我说：“这个饭店住着各种肤色的人，这就像我的国家一样，各种肤色的人在一起就是美国的力量所在。”显然，他的话语中包含了他认为的“美国精神”。他把美国作为一个移民国家对于多元文化的包容和吸纳了全世界优秀人才的得意之情，这样自然而然地表达了出来。

在日本札幌市的一艘游船上，一位刚从专科学校毕业的导游小姑娘说："前方海上的那几个小影子，就是著名的'北方四岛'，它们的所属权是有争议的，日本与俄罗斯有着不同的观点。但我认为它属于开辟它的人——还请大家多多关照。"然后，她向游客们深深地鞠了一躬。在场的外国人尽管不能就此争议贸然表态，却都被她得体的表述和礼仪所感染。一个如此尖锐的国际问题，经过一位导游小姐如此描述，竟然起到了出乎意料的"公共外交"的作用。

（本文系《在同一世界——面对外国人101题》中的《公民的外交责任》、人民网上的《开展公共外交　加强传播中国的真实形象》及《南方日报》上的《中国必须大力开展公共外交》三篇文章综合而成）

二十四、"信息环境"与"媒体外交"

近年出现一个英语新词"infosphere"，它是由information（信息）和atmosphere（空气）组成的，似乎可以译成"信息氛围"或"信息环境"吧。可以由此理解为信息如同空气一样重要，现代人须臾也少不得的。在世界多极化、经济全球化、通讯技术高度发达的今天，人们随时需要掌握足够的信息，谁都不能过与世隔绝的生活。任何国家和民族都需要对世界有及时、充分的认识和理解，这对本民族的发展和振兴至关重要。

还有一个新近使用频率很高的英文组合词"media diplomacy"，

是“媒介外交”或“媒体外交”的意思。世界各国的媒体都在表达本国的形象、本国的外交政策，各国媒体之间也有着密切的互动——说明、沟通、评论乃至辩论。中国现有40种外文网页（主要在www.cri.com.cn，即中国国际广播电台网）、几十种外文杂志和一份全国性英文报纸（*China Daily*，即《中国日报》），这些都是“媒体外交”的力量，其主要任务是向世界说明中国的真实情况，促进中国人民与世界人民的相互了解和友好往来。

可并不是只有外文媒体才有“媒体外交”的作用，因为各国的政府部门和研究机构还要阅读他们所关心的任何语言文字的媒体。

中国现有的互联网的网民已达1.4亿多人，他们常在网上发表观点，写文章，办博客。这些网民已经加入了“媒体外交”的行列，也是在以各种角度表达中国呢！

（引自《在同一世界——面对外国人101题》，赵启正著，辽宁教育出版社2007年版）

二十五、苹果比维生素C好吃

有一次，我陪同一位外国总统去参观一个在几年内迅速脱贫致富的乡。乡长单纯以大量数字介绍当地经济的发展和人民生活的改善，令人应接不暇；客人们听了之后，似仍不甚了然。接着访问了两户农民家庭，两位家庭主妇讲的朴素的生活故事，倒让这位总统兴致盎然，在笑声中一问再问，最后满意而去。

和外国人说中国的事情，大的方面如中国的社会进步、经济发展、文化传统、城乡面貌和环境保护等情况，小的方面如中国人的衣、食、住、行，婚、丧、嫁、娶等等，外国人都会听得津津有味，就好像接受了主人随手从自己的果园中摘下的苹果。

可是，有的人往往喜欢把原生态的苹果加工成果酱、果脯或果干再送给朋友；甚至为了简洁高效，只把苹果中的维生素 C 提炼出来送给客人。这样就把中国丰富多彩的现实中的生动故事，变成了单调的数字和政治结论，把中国优秀的文化形态变成“中国文化博大精深”几句话了。

原生的苹果美丽、美味，且富有营养，是送给朋友的最好的礼物，多费一道手续的加工品倒不一定更好吃！多数的人愿意吃苹果而不愿单吃维生素 C，我们自己不也是这样吗？

（引自《在同一世界——面对外国人 101 题》，赵启正著，辽宁教育出版社 2007 年版）

二十六、与基辛格谈幽默

不同的幽默是不同文化的标记。

我和基辛格博士讨论过一次关于幽默的民族性。我问他：“你 14 岁前在德国，后来在美国受教育，成了美国人，参与政界后，与欧洲，特别是英国联系密切。你能说说这几个国家的幽默的区别吗?”他却说：“你在这三国之外，还是你告诉我吧!”他很赞成我的一个比喻：“英国人的幽默像红葡萄酒，喝过之后还有余韵；美国幽默像可乐，一笑即逝，但也像可乐一样随处可得；德国幽默像威士忌，不是人人能品其味的，可一旦悟出，余味隽永。”他随口回敬我一句德国式的幽默。“这个比喻很准确，今后在欧洲我也这样说，能不声明是你的版权吗?”他不苟言笑地说。我满脸“严肃”地答：“但在亚洲，我保留版权!”他这才笑了，我也笑了。

最近有一位电视主持人问我：“你说了三个国家的幽默像三种酒，那么，中国人的幽默像哪种酒呢?”我说：“像黄酒，它是地道的中国酒。”黄酒色泽橙黄清亮，香气浓郁芬芳，滋味醇厚甘甜，营养丰富，其酒性温和，适量饮用，有解除疲劳、增进健康的功效。中国黄酒以绍兴酒为代表，据说，它产生于春秋战国时代，到南北朝时，就已颇负盛名了。

（引自《在同一世界——面对外国人101题》，赵启正著，辽宁教育出版社2007年版）

二十七、京剧不是“北京歌剧”

我曾经与几位法国文化界人士谈到如何强化京剧在世界传播的问题。大家都认为世界上有三种具有代表性的戏剧文化形式：一是歌剧，二是芭蕾，三是中国京剧。其中一位补充说，还有日本歌舞伎。

其中一位对中国文化有研究的法国人说，京剧英译为“北京歌剧”（Peking Opera）使外国人误以为是北京（演出）的《茶花女》、《卡门》之类的歌剧，就不一定会以强烈的好奇心去观赏了。而以京剧和西方歌剧特色差异之大，绝不可在概念上有所混淆。其他几位则说，他们没看过京剧，就是按“歌剧”去理解的。大家讨论的结果是，既然京剧是中国的艺术瑰宝，就应当用京剧的音译“Jingju”，正像日本的“歌舞伎”，按日语发音，译为“Kabuki”一样。联想到日本的语言表演艺术“漫才”，日本人的英译为“Mannzai”；而中国的相声，却被译为“Cross Talk”（交叉谈话），这个词连以英语为母语的人都不知其义为何。冯巩先生对我说过，相声就是相声，英译当然是“Xiangsheng”。

就京剧的译名问题，几年前我曾当面请教过梅葆玖先生，还请教过上海的一位资深辞书家，他们都觉得京剧音译为“Jingju”是合理的，意译是不准确的。

但也有人说“北京歌剧”（Peking Opera）已用了许多年了（我想，也许可以认为，1930 年梅兰芳先生首次将京剧带到美国时，美国开始有了这个译名），不会有误解了。其实不然，中国人自不会误解，但我问了多位外国人，他们还是不甚了然京剧和歌剧全然两类。韩国将在 14 世纪开始使用的“汉城”的中文名字改为韩文的音译“首尔”（英文音译 Seoul），不是一两年的工夫，也就被公认了吗？

我还是坚持认为，京剧的英译改为“Jingju”就是为京剧在国际上正名，不要从译名上就白白丢失了中国特征，这对京剧的国际传播必有好处。

我曾在谷歌（Google）上以“Kabuki”为关键词检索，检出300万条，以“Peking Opera”，只检出600条。我还特地浏览了中国四大京剧院网站，发现除了一家有一张过期的英文节目单外，全无英文内容。在我们要向世界传播京剧的渴望下，这也是一件应当立即做的、且不难做的事儿吧！

（引自《在同一世界——面对外国人101题》，赵启正著，辽宁教育出版社2007年版）

二十八、“法国文化怎么了？”

（2009年3月2日在全国政协十一届二次会议新闻发布会上答记者问）

有的中国网友在网上问，“我们一向很崇敬法国文化，这次怎么了？法国文化生病了？是什么样的价值观？”

我们知道，法国是一个文化悠久的国家，文化中核心价值就是价值观是什么样的。法国的价值观并不是由少数法国人来承载的，是由全体法国人来承载的，我想我们应该这样看问题。大作家雨果这样写过，有两个强盗走进了圆明园，一个叫英吉利，一个叫法兰西。我希望有一天法国解放并涤清了自己，会把这抢来的东西送还给中国。

二十九、回头的马是聪明马

（2010 年 3 月 2 日在全国政协十一届三次会议新闻发布会上答记者问）

关于“谷歌事件”

2005 年的时候，我还在国务院新闻办公室，所以我知道一点谷歌进入中国的“前奏曲”，后面我就到政协了。所以我确切地知道，2005 年，他们来中国考察互联网的市场和投资环境，做得很仔细。一个大的外国企业，无论是哪个行业的，到中国来都要考察投资环境，谷歌特别地对于法律环境做了逐字逐句的了解。在 2006 年正式进入中国的时候，他们对这些法律都有郑重的承诺。现在他们说中国的黑客攻击了他们，并影射是中国政府的攻击，这是毫无根据、毫无道理的，因为中国法律也是严禁任何黑客攻击行为的，并对黑客有法律的惩罚。我们在座的每天用计算机，我本人也让黑客干扰过，死过机，丢过东西，对黑客我深恶痛绝。

我在上海工作期间，分管过浦东开发，大量接触外国企业，我知道一个外国企业到中国来是有个适应期的，不仅要适应中国的经济环境，还要适应中国的文化，这是一个过程。任何 IT 产业，它的经营环境都有一个值得注意的方面，就是黑客的存在。这就相当于我们普通人的生活环境当中有病毒、有 H1N1 病毒存在一样，必须要适应它，以谷歌这样高技术的公司，对这些病毒的抵抗似乎是不在话下，没有问题的。

达尔文进化论告诉我们，物种的进化首先就要求物种适应环境，没有听说要环境去适应物种的。

中国民间有个谚语，“好马不吃回头草”，这句话有毛病，如果有好的草为什么放弃？好马要吃好草，所以回头的马是聪明马。中国的互联网是开放的，中国继续为外商创造良好的投资环境，保护其合法利益。中国欢迎包括国际互联网企业在内的各国投资者在中国开展业务，也希望外国投资者尊重中国的公众利益、文化传统和中国法律，承担相应的社会责任。

关于中美关系

中美关系最近倒退的责任是在美方，这就像打网球一样，发球的是美方，中国不过是一个反手打回去。

今后为了双方的利益，应该多一点合作，少一点遏制。美国人应该明白，假如中美关系是一辆汽车的话，它不是一个驾驶者，它有两个驾驶者，除了美国，还有一个是中国，他也有一个方向盘、油门和刹车，两个人必须商量着做，中美关系这辆车才走得正常，否则会原地打转。

三十、中国在表达方面正在成长

（2010年3月2日接受中央电视台《两会锐观察》节目专访）

我们要争取国际上的话语权。它不是简单的发言权，这个话语要有分量，要有影响，要能够让大家信任，同时要能够及时传播。从国际的角度看，虽然我们现在有多种外语频道，有多种外语网站，但是我们缺少人才，所以我们要培养大量能够跨语言、跨文化的新闻人才，这是头等重要的。同时我们的对外表达，绝不是把国内报道翻译成外文就行了，因为外国读者受的教育和我们不同，我们耳熟能详的词汇，很多是我们中国特色社会主义的词汇，而他们却是资本主义的词汇，所以碰不到一起，他听不懂。如何让他们听明白，如何用他们的风格讲我们的话，这可是个大本事。所以中国在表达方面是正在成长中，正在进步中。

我们的表达不仅要正确而且要及时，也不能在消息传播得很开的时候再说。人家先讲故事我们后讲故事，他讲的是失真的故事、假故事，我们再讲的新故事，按照先入为主的习惯，恐怕很难说服那些先入为主的人，所以说我们的话语权就是要在适当的时间，及时地传播，落后几天话语权就弱了。

附录二

奈斯比特三大预测名著精要

《大趋势》主要论点

《亚洲大趋势》主要论点

《中国大趋势》主要论点

一、《大趋势》主要论点

绪　论

我们这个社会已经在从旧往新变动，现在还没有变完。夹在新旧交替时代之间，我们的环境是很不安宁的。然而，在这个有时令人感到痛苦、不稳定的时刻，美国正无情地进行结构调整的工作。

这本书要谈的是尚未完全成型的美国新社会。虽然如此，美国的结构调整已经改变了我们的内部和外部生活。本书分10章，每章探讨下列这些重要结构重组中的一方面：（一）虽然我们还是认为我们生活在工业社会，但事实上我们已经进入了一个以创造和分配信息为基础的经济。（二）我们正走上高技术和深厚感情的双重方向，每种新技术都要付出人的补偿性的反应。（三）我们不能再搞孤立、自足的国民经济体系了；现在我们必须承认我们是全球经济的一部分。我们已经开始放弃美国是、而且必须继续是世界工业领袖的这种想法，因为我们要去干别的工作。（四）我们要从一个短期考虑和短期报酬的社会转变成为以长期的眼光处理问题的社会。（五）在一些城市和州，在小团体和地方组织中，我们还发现，自下而上都有进行创造性工作和取得成果的能力。（六）我们生活的各方面从依靠组织机构的帮助转为更多地依靠自己。（七）我们发现，在一个瞬息间，可以不再依赖等级制结构，而赞成非正式的网络。这对实业界将特别重要。（九）更多的美国人离开北部老工业城市，到美国南部和西部去生活。（十）我们从一个狭小的个人选择范围的社会，跨入一个能提供多种选择的社会。

这些大模式不一定很清晰。在新闻媒介，特别是电视里，我们好像生活在由一系列事件组成的社会里，一个事件接着一个事件发生，有时甚至一次危机接着一次危机，而我们很少停下来（或者留心）注意这些事件背后的过程。但是，只有了解了大的模式结构，个别事件才开始有意义。

本书把注意力集中在那些大趋势，或者集中在新社会的大概轮廓上。没有人能预测那个新世界是什么样子。企图详细地描绘它是科学幻想小说和未来学家的猜测游戏，而这样做往往被证明是不正确的和令人困惑的。

预测未来最可靠的方法就是了解现在。

这就是本书的前提。

过去 12 年，我一直为美国大公司工作，用注视地方事件和行为的办法，试图了解美国的真实情况，因为将地方上发生的事集中起来就是美国所发生的事。

不论纽约和华盛顿如何自负，但几乎没有什么东西起源于那里。

在工作中，一直给我印象极深刻的是，美国竟然是一个自下而上到了如此地步的社会，那就是新趋势和新思想都始于城市和地方——例如在坦帕、哈特福德、圣迭戈、西雅图和丹佛，而不是出自纽约市或首都华盛顿。我和我的同事们通过阅读地方报纸，研究了这个伟大的国家。我们发现，趋势的产生是自下而上，风尚是自上而下。本书中的调查结论，是根据在 12 年中对 200 多万篇有关这个国家城镇的地方事件的分析得到的。

从这样高度地方化的数据库里，我已经看到一个新社会的轮廓在慢慢出现。

趋势是自下而上，风尚是自上而下。

内容分析

我们是通过内容分析的方法来了解这个社会的，这种方法起源于第二次世界大战。在那次战争中，情报专家试图找出一种方法来获得敌国的各种情报，这种情报平时从民意测验中就能得到。在保罗·拉扎尔斯费尔德和哈罗德·拉斯韦尔（后来他们成了著名的传播学家）的领导下，决定分析能搞到的德国报纸的内容，虽然报纸已出版好几天了。德国人民、工业和经济的紧张状态开始从报纸上显示出来，纵然有关德国的供应、生产、运输和粮食情况的情报仍然是秘密的。用仔细追踪工厂开工生产、关闭和生产指标；火车到达、离站和晚点等地方消息，可能慢慢拼凑出德国在干什么并估计出它的情况是在好转还是恶化。例如，地方报纸列出地区士兵的阵亡名单，把这些地方名单加起来，我们对德国军队伤亡情况就能有个清楚的概念。我们感到这样做获益匪浅，于是就开始用这种方法来分析日本报纸内容的变化。

虽然情报界继续采用这种监视公开行为和事件的方法（美国每年花费几百万美元对世界各地报纸进行内容分析），但是这种方法一直很少用在商业上。事实上，奈斯比特集团是第一个，也是目前唯一的一个组织，利用这种方法来分析我们的社会。

为什么我们相信内容分析是监视社会变化的有效方法呢？简单说，因为报纸有一定篇幅的新闻洞是一个封闭系统。出于经济上的原因，报纸上刊登新闻的篇幅和数量在长时间内不会有多大的变化。因此，在介绍某件新事物时，就必须省略去其他事物或一组事物。有加就得有减。这是封闭系统中强迫选择的原则。

新闻报道的过程是在一个封闭系统中的强迫选择。

在强迫选择的情况下，社会添加新的令人全神贯注的事物和忘掉旧的这类事物。在跟踪添加的事物和放弃的事物时，从某种意义上讲，我们是在社会的竞争企业起主宰作用的情况下，测量市场占有率的变化。

同个人一样，社会一次只能处理那么多的事务。

社会显然同人一样。一个人一次只能在他或她的头脑中或心目中记住那么多的问题和事情。如果加入新问题或事物，现有的问题或事物就要放弃一些。这一切都反映在共同的新闻洞里，新闻洞成为社会挑选优先考虑的事物的机械反映。

好多年来，我们已经看到各种社会问题出现、增多，然后失去市场占有率。例如，大约10多年前，新闻这个封闭系统开始充满着对环境问题的关注。圣巴巴拉石油外溢，引起广泛的反应。加利福尼亚州的学生把汽车埋起来。“地球日”之后又举行“第二地球日”。环境问题所占有的篇幅数量急剧增加。

为适应环境这样受关切事情的出现，在新闻封闭系统中，少登了哪些事件（或一组的事件）呢？这里只是指一件事，而不是指一组事，就是当环境新闻的栏数增加，民权的新闻就减少了——在一比一、一行比一行的基础上进行。一方减少，另一方增加，一出一进。到1973年，这个封闭系统显示出大变化，环境问题第一次成为比民权更加重要的大事。

在过去10年内，我们也亲眼看到对滥用麻醉品新闻的兴趣在减少。如果1970年所有地方新闻的篇幅用于滥用麻醉品的报道等于100的话，那么1979年报道那一问题的篇幅就下降到8，虽然后来又有所增加。

在60年代，几乎所有关于歧视的报道，都是有关种族歧视的。此后，从1969年开始，那个篇幅有一部分用来报道有关性别歧视的问题，但到1975年，一半篇幅是有关性别歧视的材料。从1977年起，这两个问题都开始让位于对年龄歧视的问题，在有关歧视的篇幅中，三分之二是老年歧视问题。当时，几乎是一夜之间，国会宣布公共部门的强制退休为非法，并且把私人部门的退休年龄从65岁延长到70岁。国会在高潮时采取了行动。对年龄歧视的报道就从此减少了。

在封闭系统中，强迫选择的过程是成为我们研究的很可信赖的过程；没有一个参与其事的人（记者和编辑）知道有这么一回事。曾办过报纸的人都知道，使报纸准时出版是首先要考虑的事。哪些消息可在报纸刊出，是有某种选择的余地，但是可选择的余地不多。

我们所形成的这一套方法，也不受有倾向性报道的影响，因为我们感兴趣的不过是事件或行为本身。

这里可以用体育新闻为例。如果我在报上谈到芝加哥俱乐部打败洛杉矶道奇队，比分是七比三，我近乎百分之百地相信，是有这回事的。如果我在报上看到得分记录表，说史蒂夫·亨德森在五局中出场两次，我肯定相信那是真的。但是，如果体育记者在消息的第四段中告诉我，史蒂夫·加维在第六局的笨拙打法使整个比赛失败，这是他的判断，也许是真的，也许不是真的。我们实质上所做的工作就是观察社会的地方得分记录表：诸如城市规划委员会以六对三的票数改变一项规定；20 个人在州长办公室内开会；交通债券问题解决；某州公民投票通过财产税减半。

……

1. 从工业社会到信息社会

信息社会开始于 1956 和 1957 年，正是美国工业力量强大的 20 世纪 50 年代中的两年。

表面上，美国看来是一个繁荣的工业经济社会，然而一块无人注意的具有象征性的里程碑却宣告了一个时代的结束：1956 年，担任技术、管理和事务工作的白领工人人数在美国历史上第一次超过了蓝领工人。

第二年——1957 年——标志着信息革命全球化的开始：俄国人

发射了人造地球卫星（斯普特尼克），这正是成长中的信息社会所缺少的技术催化剂。人造地球卫星的真正重要性不是它开始了太空时代，而是它引来了全球卫星通信的时代。

我并不想缩小斯普特尼克和哥伦比亚号为我们开辟空间探索道路的重要性。但是没有得到足够强调的事是，人造卫星把地球变成了马歇尔·麦克卢汉所谓的“全球村”的这一情况。人造卫星时代并没有把我们向外往太空发展，而是使地球向内转向它自己。

真正的增长是在信息职业。1950 年，我们中只有约 17% 的人从事信息工作。现在我们中有 60% 以上的人同信息打交道，如程序设计员、教师、职员、秘书、会计、股票经纪人、经理、保险业者、政府官员、律师、银行家、技术员。而且还有许多劳动者在制造业公司中担任信息工作。大多数美国人把时间用来创造、处理或者分配信息。……

在工业社会里，战略资源是资本。100 年前，许多人可能已经知道怎样建钢铁厂，但没有多少人能有钱来建厂。因此，进入这个体系的人是有限的。但是在我们新社会，正如丹尼尔·贝尔首先指出的，战略资源是信息。它不是唯一的资源，但是是最重要的资源。有信息作为战略资源，进入这个经济体系就容易多了。

麻省理工学院的戴维·伯奇证实，20 世纪 70 年代美国所创造的 1900 万新工作——这是我们历史上前所未有的数目——中只有 5% 的工作是在制造业且只有 11% 的工作是在整个物品生产部门。几乎 90%，那么就是 1700 万新工作，不是在物品生产部门。

由农业社会转入工业社会花了 100 年，而现在由工业社会进入信息社会只花了 20 年。……在新的信息社会里，时间观念也起了变化。

我们第一次有一种建立在不仅可以再生而且可以自生的重要资源上的经济。资源缺乏不成问题了，但被资源淹没倒是问题。

这种程度的信息量，用目前的方法明显地难以处理。在信息社会，没有控制的和没有组织的信息不再是一种资源。它倒反而成为信息工作者的敌人。

据估计，到2000 年一台家用电子计算机系统（包括计算机、电传打印机、监督器、调制解调器等）的成本，应当只有现在电话——收音机——录音机——电视机系统的两倍左右。在 2000 年之前，家庭中的电子计算机会接近必要的临界点的数量，这种情况将首先出现在加利福尼亚州。

几百年来，作者和编者决定了在他们为我们创造的皮包中该装进什么东西——报纸、杂志、电视节目——而我们则从中挑选，决定我们要读什么或者要看什么。现在有了新技术，我们会创造我们自己的皮包，取得内容自主权。

我们都知道电子计算机正在进入我们的家庭和工作环境。但是我们有多少人想到过它会影响我们的婚姻？我的一位朋友说，在她晚上的电子计算机课程班上，来上课的人中有三分之一以上只是因为他们的爱人已经买了家用电子计算机。电子计算机当然可能成为破坏婚姻的微妙平衡的第三者。

2. 从强迫性的技术到高技术和深厚感情

高技术和深厚感情是我用来描述我们是怎样对技术作出反应的一个公式。事情是这样的，每当社会采用新技术，就必须有人的平衡的反应——那就是深厚感情——不然的话，这种新技术会受排斥。高技术越多，深厚感情越深。

我以前曾以为，我们可能会因为电子计算机使我们失去人性而反抗它。但是现在我认为，我们开始了解，在高技术和深厚感情的方面，电子计算机具有多大的解放力量。例如，有 4 万雇员的一家公司，多少代以来都是以清一色的方法对待那些雇用人员。……用了电子计算机来考察，雇员们可以受到不同的待遇，4 万名雇员每一个人的合同都订得不相同。……一个雇员现在可以决定得到不同的综合数量的薪水、退休金、医疗津贴、灵活的上班时间、工作分担和工作目标。

因为我们想要彼此在一起，所以我认为我们中许多人，不会选择在我们的电子村舍的家里工作。很少的人愿意整天待在家里把信息文件传送到办公室去。人们希望上班。人们希望和别人在一起，而我们向社会输送的技术越多，希望同别人在一起的人也越多。

电子计算机购物永远不会取代偶然发现什么奇珍异宝之类的东西和想上街购买能使我们感到惊奇的东西的那种深厚感情。

电视会议是非常合理，但它永远不会成功。

在一个迅速变化的世界上，即使有不安全感，也不会延续多久。

高技术的机器人和深厚感情的质量管理小组同时进入我们的工厂——于是机器越多，质量管理小组也越多。

在高技术的信息世界中，我们用我们的脑力，而不是像工业时代工厂的工人那样从事体力劳动，可是我们会在我们闲暇活动中想要多用我们的手和身体，以平衡我们在工作中不断使用的智力。从人们爱好园艺、烹调、住宅的修理和翻新中，我们可以看到这种情况。

如果我们太相信，或者更正确地说，太希望技术会解决我们一切问题，那么我们实际上等于放弃了深厚感情的个人责任。我们的技术狂想说明了这一点。我们总是在等待新的灵丹妙药，它会使我们能够吃各种致胖食物，而不会增加体重；燃烧汽油，而不会污染空气；无节制地随心所欲生活，而不会得癌症或心脏病。

至少在我们心里，总以为技术快要把我们从个人的纪律和责任中解放出来。只是它从来办不到，将来也永远办不到。

3. 从国家经济到世界经济

不管我们是否赞同这些新的趋向，我们必须作出反应，美国正处在强有力的双重变化之中。第一，我们正从一个孤立的、实质上自给自足的国家经济转变成为相互依存的世界经济中的一部分。第二，我们正在放弃以前作为世界主宰力量的角色，成为少数经济力量强大的国家之一。美国的国民生产总值仍是世界最高的，其次是苏联和日本（名列第三，而且有后来居上之势）。但美国人的生活水平再不是世界上最高的了，我们已经落在瑞典、丹麦、西德和瑞士之后。这种转变是世界经济史的一个转折点，今后再不会单独有哪个国家像第二次世界大战后的美国那样主宰世界了。

美国和其他发达国家正在失去它们在一些工业部门中的主导地位，这些部门包括：钢铁业、汽车制造、铁路设备、机械、小五金工具、纺织品、制鞋和服装等。到2000年，第三世界生产的制成品将占世界总量的30%。……

毫无疑问，中国将成为世界纺织业的领导者。到2000年，中国将有400万纺织工人，而南朝鲜和泰国的纺织工人人数不变，香港的纺织工人将减少25%。实际上，香港的纺织工人人数1979年就已首次下降。

生物将取代物理而成为社会主要标志。

今后的20年将是生物时代，就像过去20年是微电子时代一样。

其他具有发展前景的领域是替代能源、节能产品、机器人和海底矿藏开发。海底矿藏开发技术需要国家和公司组成新的有创造性的企业去搞。20世纪80年代中将有许多新的能源设备进入市场，广泛使用，例如：新型发电厂、新汽车燃料、利用电力的新方法、酒精、飞轮以及燃料电池等的新用途。

只有第三世界发展了，北方产品的市场才有保证。在相互依存的世界中，援助不是施舍，而是投资。它尤其是一种战略性投资，因为传统的市场很快就要饱和了。

想要真正成功，就必须懂三种语言：流利的英语、西班牙语和电脑语言。

4. 从短期到长期

转向长期的条件是适宜的，价值观和经济需要同时出现了。当变化的价值观和经济需要汇合到一起时就产生了变化。从短期价值观到长期价值观的改变，在关于环境资源的论争中表现得最为明显。……

对短期管理观点的批评已为企业界本身广泛接受了。芝加哥管理研究所的海德里克和斯特拉格尔斯对1000名高级经理的调查表明，76%的人认为，对短期财务成果的过度重视是有害的。

金融业可以看作是流动信息。现在计算机和通讯卫星可以在全世界范围内十分迅速地调转资金，客户可以在每天晚上将其全部资金从银行户头上取出，在第二天早晨以前把它借出去。这种做法是对银行的很大打击，因为这也正是银行曾经利用客户资金的方法。过去，银行总是千方百计利用信息传递的时差产生的经营机会来改善其生产率，在过去的100年中银行的生产率大概提高了100倍。由于现代通信技术产生，信息时差不复存在了，而客户又利用时差来对付银行了。

在今后的几年里，我们将看到许多银行合并和破产的事件。我还记得年轻时30年代大危机时的情景，银行的破产宛如世界的末日。现在不同了，银行破产如同铁路一样，不过意味着一些银行家等着领取品德奖。各种各样的机构仍将提供大量的金融服务。

5. 从集中到分散

现在出现了许多新的电视网：西班牙语电视网、黑人电视网、英国广播公司在美国、体育电视网和新闻电视网。目前还有两个儿童电视网（更不要说众议院的会议广播电视网了）。我认为到20世纪80年代末，美国广播公司、哥伦比亚广播公司以及全国广播公司的观众将只有现在的一半。

随着总统和国会权力的减弱，美国各州都在夺取政治权力。州政府不再等待联邦政府的指示，对一些全国性问题实行地方性的解决方法。如果州计划与华盛顿政府发生矛盾，州政府不惜向联邦政府进行挑战。

州权力进一步发展就形成了在一个地区内的各州联合起来，保护共同利益的观念。这并不是一种温情的乡土观念，为了增添乐趣而强调本土的特点。它是一种强硬的新型的地方经济主义，由于某些州面临共同问题，享有共同资源而产生的地区沙文主义。这种现象不如叫做“新地区主义”。

今天美国政治分权的关键在于地方的行动。地方化的政治权力不是由联邦政府一级级（州、县、市和社区）的委任构成的。相反，地方的权力是由于缺少自上而下解决问题的有效方法，地方和社区采取主动而取得的。例如，州政府和市政府在处理能源问题上走在前面，而联邦政府在这个问题上却晕头转向一筹莫展。自上而下授予的权力，如果授权人态度改变，成命就会被收回去。地方政府成功的主动行为却能站得住脚。地方政府解决问题的方法成了自上而下干预的阻力，也成为其他还在解决类似问题的那些地方的样板。

集中的、自上而下解决问题的办法失败的同时，美国各地的地方政治活动却十分活跃。约2000万美国人组织起来研究各种地方问题。社区组织变得十分有力，并要求更多地参与决策。

美国对建筑物要求最严格的地区之一是俄勒冈州的波特兰，该市不仅要求新建房屋要有隔热层，而且要求所有的家庭、公寓楼和办公楼都要安装隔热层。这意味着保暖的成本要落到房主的头上，而不仅仅是落在建筑商和开发公司头上。每个家庭需花费1350元，这是一笔不小的数目。到1985年以后，出售不带隔热层的建筑将是违法行为。波特兰预计这种方法及其他措施将可使该市1995年所需能源节省35%。

城市人口往农村扩散后所有发生的这一切都是必然的。有文化的城市移民给农村风光又加上一层城市文化。正如特写报道中所说的，农村人总是抵制这种入侵的文化，这是本地人的惯常做法。

然而美国已经习惯于大规模移民随之而来的冲突。80年代，农村的新老居民将有机会解决他们之间的差异。最后，这个社会将变得更加丰富，有更多可供选择的地方性生活方式，更加成熟，无论人们住在什么地方，他们的乡土情感将比70年代更加强烈。

分散化能创造更多的中心，对个人来说，这意味着有更多的机会和更多的选择。由于企业分散，你可以在你要住的农业地区或几乎是任何其他地方的附近找到工作。如果你愿意，你的家用电子计算机和文字处理机可以使你在与世隔绝的家里工作。另外，随着人口的减少，城市也不那么拥挤，留在城里的人也会更舒适些。

6. 从机构帮助到自助

从机构帮助（医疗单位的帮助）转变到自助（对自己的健康负责），重新强调人的因素的有以下三大趋势：（1）养成新习惯，这使对自己健康负责的新观念成为现实；（2）出现自我照料，这说明在一些方面我们能够自力更生，而不是非要专业人员的帮助不可；（3）保持健康、服预防药和整体疗法等新方法压倒了患病才吃药、开刀和治标不治本的旧方法。

家长对公立学校制度继续感到失望，他们采取各种自助办法。家长的积极性增加，私立学校的入学人数大幅度上升。新教育自助运动的最激进方式是不断建立其他类型的新学校，试图把受教育的场所从学校转移到家里，这样可以补充学校正规课程的不足，也可以说是对义务教育法的一种直接威胁。

信用卡迅速增加，于是，最新型的自助团体之一便诞生了，那就是为不得不欠债的人成立的无名氏挥霍者协会。这主要因为超支是一种坏习惯。

不管我们喜欢与否，自助精神适合美国的政治和经济气氛。它会长期存在下去。许多过去给人们提供方便的机构再也不能做到收支平衡了，突出的例子就是美国政府。

7. 从代议制民主到参与制民主

美国正在成为一个无党派国家。现在人们拒绝支持政党，以此表示对政党的不信任。……不用多久，谁宣称自己是民主党或共和党的忠实信徒，谁就会公开被认为是目光短浅和孤陋寡闻。

政客的影响越来越小，因此人们对全国性政治选举的兴趣日益减弱。这是从代议制民主转向参与制民主的必然结果。

我们已经把当选代表掌握的重要政权转移到以下两个主要方面：（1）运用创制权和复决权进行直接投票；（2）在基层进行政治活动。在这两种情况下，决定行动方向和采取行动的都不是政治家，而是公民。

今后即使障碍消除，新党派也不大可能扬名全国。这种事态发展是同权力分散趋势合拍的。今后的政党将具有深厚的地方色彩。它们将在州和地方上发挥影响，那里才是真正的用武之地。

不管某些斗争的结果如何，愈来愈明显的趋向是：诸如是否搞核能这类技术性决策正在从所谓的专家手中转移到政治领域。这恰恰是人们期望在参与制民主中出现的情况，因为在实行参与制民主的地方，如果人们会受到一项决策的影响，他们就应该参与作出决策的过程。

参与制民主好像是个政治概念，基本上也确实如此。然而，我们作为公民发挥作用仅仅是我们生活的一部分。我们还从属于学校、教堂和俱乐部等各种机构。这些机构对我们的生活也产生影响。但是，任何机构都没有像企业那样对日常生活发生那么大的影响。企业是20世纪新时代的管理机构。

无论采取什么途径，都不会有自上而下的重大办法来实现职工权利。但是，像美国其他方面的许多变革一样，也像实现参与制民主这一趋势一样，职工权利（以及用户第一主义、股东积极性和逐渐使董事会成员以外聘董事长和独立董事为主的趋势）将通过逐个公司、逐个社区和逐个州使美国企业界改观。

8. 从等级制结构到网络状结构

我们以朋友、个人、小团体或大组织成员的身份，交换资源、互相接触、交换信息，我们借助于电话和喷气式飞机的速度，运用我们怀有深厚感情的声音，这种声音旨在压倒一个资料太多、知识太少的喧闹世界。网络状结构是进行社会活动的得力工具。那些想要改造世界的人同一些志同道合的人一起，开始在地方上行动起来。

现在，我们大家都非常成功地运用着新的网络状模式，它正在取代使我们越来越感到沮丧、失去个性、养成惰性和遭到失败的等级制结构。

虽然分享信息和联系是网络的主要目的，但是，它们可以由单纯的传送信息变成创造和交换知识。由于网络中的每个人都收到新信息，因此，他（或她）可以进行综合，然后得出新见解。网络可以分享这些新思想和新见解。

在网络结构内部，信息本身是使人们平等相待的巨大力量。网络组织所以属于平等主义，并非只是因为其成员人人平等。相反，由于网络是斜向的和立体的，所牵涉的人员来自各阶层。在网络组织内，其成员相互之间均平等相待，因为重要的东西是信息，信息是使大家平等相待的巨大力量。

网络使权力的行使从垂直方向转变为水平方向，这对个人来说是一大解放。等级制结构鼓励往上爬和超过别人，不断产生压力、紧张和忧虑。网络结构则把权力赋予个人，网络中的人愿意互相促进。

即使你在等级制结构中工作，也可能不想爬上最高一级。而现在接受分散和网络价值观念的人日益增多，同时企业面对前所未有的外国竞争，必须重新考虑自己究竟属于什么行业。在这种时候，当一名传统式领导人（不论是政界还是企业界领导人），实在不理想。

9. 从北到南

由北至南转移实际上是转移至西部、西南和佛罗里达州。

由北至南转移实际上是两个内容：一是北部的衰落，一是西南部和西部的繁荣。两者没有因果关系。

由北至南转移的势头比最初想象的要强烈，在我们有生之年是不可逆转的。

阳光地带迅猛发展的经过实际上就是三大州兴起的经过：起带头作用的加利福尼亚州和佛罗里达州，还有得克萨斯州。这也是南部和西部10个极有前途的城市的经历。

最后，由北至南转移使社会基础结构遇到危机，最终将迫使北部和南部都得重新考虑经济指标和目标。

北部的衰落与工业社会进入信息社会关系较大，与任何北部公司迁至阳光地带关系不大。当美国摆脱工业社会时，工业化的东北部损失最大，这一点十分清楚。

制造业受到的压力尤为强烈：例如，汽车工人必须同时与三大趋势斗争。第一是外国竞争（从国家经济向全球经济转移），第二是自动化（从工业社会向信息社会转移），第三是从北向南的移动。

总之，由北向南转移事实上是大势所趋，至少同其他三大趋势有机地联系在一起。这还牵涉到另外一个转移——由一个非此即彼的社会转化到具有多种选择的社会。

10. 从非此即彼到多种选择

在家庭和工作这些基本的领域里，非此即彼的选择激增，有无数十分独特的安排和生活方式。不过，多种选择社会的基本思想已散落到我们生活的其他重要领域：宗教、艺术、音乐、食品、娱乐，最后是目前在美国备受称颂的文化、民族和种族的多样化。

参加工作的妇女多了，上大学的妇女多了。今天在大学和研究院求学的妇女数量超过男子。大学里新的女生有许多都超过 35 岁。她们也不是全都攻读学位。

妇女们在攻读法律、医学和商业。到 1990 年，得到商业学士学位的妇女人数将为 60 年代的 8 倍。

随着妇女继续行使个人选择权利，男子选择的机会也会增加。

有些男人将有自由成为专职父亲、学生、非全日制工作的工人，或者和他们的伙伴合做一种工作。但是有一点是清楚的：传统的小家庭（这种家庭的存在要靠妻子为丈夫和孩子而牺牲许多个人利益）好像不可能在不久的将来重新出现。

我们正在进入一个时期，在这期间，我们将对一些工作和技能、对较大的任务的贡献重新进行估价，这是一件困难的事情，但是这是企业老早就该做的事情，以便对谁给一个企业贡献了什么得出一个较好的概念。

有线电视将像专题杂志一样：可以收视“跑步者”或“蜂房管理”。

在这个多种选择的时代，美国人学会了接受、甚至赞美多种族。我们终于抛弃了大熔炉的神话，人人都有自由保持本色。既然美国文化的其他领域都是多样化，少数民族就不怎么被看成是不同的种族了，因为他们和这个国家总的格调和价值观念是一致的。

（摘自《大趋势》，（美）约翰·奈斯比特著，新华出版社 1982 年版）

二、《亚洲大趋势》主要论点

引言：亚洲的崛起

我第一次到亚洲时待了一年，那是 1967 年的事。我请假离开了 IBM 公司，赴泰国东北部担任促农方面的皇家政府顾问，奔波于曼谷和廊开之间。廊开正好与老挝首都万象隔湄公河遥遥相对，两地相距约一英里。于是我常常雇当地人，用他们长长的小船渡我到对岸。而今，一座崭新的耗资4200万美元建造的大桥已横跨在廊开与万象之间。它成为泰国经济发展的象征，也成为亚洲经济进步的象征。这种进步和其背后的驱动力，造就了整个世界经济生活中的重大转变。

从我赴泰国至今30年来，每年我至少来亚洲一次，有时多到五六次。过去的一年是在美丽的现代化都市马来西亚首都吉隆坡度过的。我的足迹遍及了整个地区。马来西亚多种民族、语言和文化交融一体，创造出一个令人兴奋的外部环境——广泛使用英语，中国、印度和马来文化兼容并包，这使它成为一个通往亚洲（亦将是整个世界）三大市场的便利门户：北部的中国、西部的印度和南部的印度尼西亚。

在撰写本书的过程中，承蒙亚洲朋友的帮助，我与新加坡、吉隆坡、雅加达、马尼拉、曼谷、孟买、香港、台北、东京、汉城、上海和南京的政界、商界、学术界和社会重要人士举行了座谈，广泛听取了意见和看法。此外，我在吉隆坡的精通多种亚洲语言的同仁也对亚洲各地主要报刊和杂志进行了内容分析。根据这些访谈和资料记录，本书的蓝图已初具轮廓。

亚洲巨变是当今世界最重要的发展进程。不论对亚洲还是全球而言，它正一天天逼近。当我们迈向下一世纪之时，亚洲的现代化进程必将更新这个世界。

从1945年到1995年，半个世纪的时间里，亚洲从贫穷走向了富足。这期间其人口总数增长了4亿，而贫困人口却由4亿减少到了1.8亿。世界银行已宣布，在人类历史上的任何时期和任何区域，都从未像当今的亚洲这样取得了如此惊人的经济增长，并得出结论：东亚的发展经历是一个经济奇迹。对亚洲的调研使我信服了这个奇迹。是的，但这还不仅仅是在经济方面。当代亚洲将重塑现代人类灵魂，在唤醒个性意识、树立坚定信念和倡导苦干与献身精神方面，他们将以先驱者的姿态出现。

亚洲正以其特有的“亚洲模式”运行，使经济步入一个鼎盛时期。90年代是“亚洲时代”。当进入2000年时，在经济、政治和文化上，亚洲都将跃居世界领先地位。亚洲在崛起。如果你对此大趋势仍有疑问，那么读完本书，疑点就会一一冰释。即使世界上其他地区的人还未能充分认识到，但现在也是该面对现实、设法应变的时候了。本书为此将助你一臂之力。本书提供的数据资料、趋势分析、地域文化模式研究，可帮助你在关键问题上把握时机、创造收益。假如你是位中小型制造业者，本书将告诉你为什么泰国市场将优于韩国市场。

世界风云已变，西方人是该用亚洲眼光看世界的时候了。比如，普遍认为西方阵营正在失去其原有的权力体系，具体表现在波黑冲突中西方领导力下降（值得注意的是，波斯尼亚大多为穆斯林，而亚洲就有5亿穆斯林）。亚洲人越来越对西方人在自由和人权问题方面的指手画脚感到恼火。

一个崭新的、建立在经济共荣基础上的国家集团已出现在东方。

过去的亚洲，曾被文化、语言、政治观念、宗教信仰和地理环境所割裂，而当代亚洲靠经济联系、高科技，特别是发达的通信和大量人口紧紧铸为一体，使它看起来更像一个完整的地区。我在科罗拉多州特立尼达的邻友约翰·利夫顿（John Lifton）—— 一个英国人——还记得60年代欧洲的青年人都开始称自己为“欧洲人”，而不是“英国人”、“法国人”或“德国人”。当代亚洲的许多青年，也开始称自己为“亚洲人”了。

考虑到以上因素，《亚洲大趋势》这本书并不是亚洲各国的分列介绍，而是预测和描绘席卷整个亚洲的大气候。这是一部以亚洲为主体，力图探讨它的现状与未来的篇章。亚洲的30多个国家和地区，本书或多或少有涉及，但着重于中国、印度、印度尼西亚、日本、韩国、马来西亚、菲律宾、新加坡、泰国、越南以及中国香港和台湾地区，因为它们是亚洲谋求发展与更新的龙头所在。对于这些国家和地区我已十分熟悉，曾一次或数次登临造访过。

在描述当今世界大趋势之际，我想透露我的一个小小的“偏见”。我已经花费了40年时间从事社会经济研究，可算是个“商业通”、“市场通”。我认为企业就是财富、成效、经济活力的真正创造者。我相信自由市场和自由贸易。它们将指导世界发展的方向。这就是本书的主旨。

在20世纪90年代以前，西方还在主宰一切。他们制定了“游戏规则”。日本人就是遵从了这些规则而获得经济腾飞的。但现在，亚洲人——除日本人外——是按照他们自己的一套规矩办事，并同样稳操胜券。即使日本也将被新崛起的东南亚各国抛在后面，也会由强大的中国及海外华人势力控制经济发展的走向。

当今，西方需要东方远胜于东方需要西方。

对于香港，一些西方人认为，香港回归使中国“偷取”了一个欧洲在亚洲的前哨。他们忘记了，香港历来是中国的一部分。北京已经把它的拼写由西方惯用的“Peking”改为“Beijing”。同样，越南的西贡改成了“胡志明市”。缅甸由“Burma”改为“Myanmar”。印度的孟买由“Bombay”改为“Mumbai”。又有多少西方人注意到这些意味深长、充满象征色彩的变化？它们象征着亚洲已从西方统治中获得独立。随着时间的推移，这类变化将越来越多。当20世纪末澳门回归中国，西方在亚洲的优势将画上一个句号。在度过漫长的4个世纪后，亚洲的每一寸土地都将再次回到亚洲人民手中。

亚洲的现代化绝非等同于“西化”，它呈现出的是特有的“亚洲模式”。

在亚洲现代化进程的同时，亚洲人的觉悟不断提高，“亚洲意识”已日趋强烈。当一个印度尼西亚女孩到西方旅行，被问及是哪里人时，过去她恐怕会说是“印度尼西亚人”，而现在她的回答很可能是“亚洲人”。

广袤的亚洲大陆，从印度到日本，从蒙古至印度尼西亚，现在拥有的人口占世界人口的一半以上。在未来5年或更短的时间里，会有半数以上亚洲家庭将购买如下消费品——冰箱、电视机、洗衣机、电脑、化妆品等等。将有约5亿人口达到西方意义上的“中产阶级”。亚洲的市场规模将是欧美的总和。正像流行的香港银行的广告语一样：“亚洲有30亿人口，有一半是不到25岁的年轻人，这是个不断成长的市场。”显而易见，这种消费奇迹会给亚洲经济发展带来深远影响。

许多亚洲人对我说，在与西方的经济马拉松竞赛中，他们终将击败西方。亚洲不论现在或将来，都不会实行给国家经济带来极大负担的社会保险和福利制度。这种中西体制上的差异对亚洲经济发展将具有怎样的意义，许多西方人还都未意识到。

在亚洲的文化体系中，家庭照顾好每一位成员是首要任务，强调个人的责任感。让政府来解决家庭问题（比如以福利方式），对亚洲人来说是不可思议的。这就是为什么几乎每个亚洲国家的储蓄率都至少达到30%。这充分体现了亚洲人对家庭的依赖和自给自足的精神。亚洲人认为社会福利的沉重负担，不仅会影响国家竞争力，更会削弱家庭的重要性，导致非婚生子女增多、高离婚率、犯罪、懒惰及学习成绩的低下。

这就触及到了本书尤其是欧美国家的一个核心问题：福利制度是否影响了它在全球经济中的竞争力？国家的公民是否因此而疏于自食其力？这项“崇高”的举措已宣告失败？反正我想至少有一点值得注意：目前每个西方国家，包括美国，都在力图削减福利开支。

西方和它的年轻一代将从亚洲人那儿学到什么呢？在震惊中外的汉城三丰百货公司崩塌事件中，20岁的韩国青年崔明松（Choi Myong Sok）在瓦砾中埋了10天后获救，被全国奉为英雄。许多企业以金钱为交换条件，想乘机利用他的英雄形象赚钱，都被他拒绝了。他说：“他们不理解我的痛苦”，“他们满脑子只是钱，而我不信奉这个”。相比之下，再看看美国。在犯罪、暴力和自然灾害中闪现出的英雄主义，往往是受利益的驱动。所以我们应该认真考虑一个问题——是否应以这种亚洲式的个人与家庭价值观来带动全球的道德复苏呢?

对西方人来说,“华人”是他们最难理解的一个角色了。这里所说的华人,主要是指中国本土以外遍布在新加坡、印度尼西亚、菲律宾、马来西亚、泰国、温哥华、洛杉矶和伦敦等地的华裔。正是这群世界上最成功的企业家团体,把亚洲经济推向巅峰。

当然,亚洲经济在快速增长之中也产生了矛盾。宝马轿车目前在越南装配,每个工人的工资一天仅为1美元。而在一些亚洲大城市,包括胡志明市和河内,其饭店消费几乎是世界之最。这一切使得西方人眼中的亚洲前景趋于暗淡。不过,有一点越来越清楚,亚洲的现代化将成为20世纪90年代到21世纪初世界最重要的发展动向。这一惊人的结论来自于当前亚洲发展的八大趋势。

1. 从单一国家经济走向网络集团经济

中国这条巨龙开始舒展其政治和经济的筋骨。不论现在还是将来,中国被看做亚洲最主要的市场。就亚洲的发展速度而言,我认为任何企业要想在国际竞争中占有一席之地,都必须保证其收入起码有三分之一来自亚洲。中国的进口额每年递增25%,同时中国也是世界第四大出口国。因此我们有理由相信现在中国已成为整个亚太地区的中心。

华人圈不是一个国家,因此传统上用来讨论国家的词汇和概念并不适用于研究“华人现象”。就像在几个世纪前,当科学家发现地球是圆的之后,“地球平面”一词就无法再使用了。如今,冷战已经结束，全球性的市场经济大行其道。世界经济不再为某些独立的国家所支配，而是受控于企业联系和集团势力网。应该清醒地认识到，这种势力网将是全球经济新形势的核心所在，而海外华人圈即属于这种势力网。

尽管日本在亚洲和全球都显示出强大的实力，但它在亚洲仅限于贸易和投资。日本是东南亚国家联盟（ASEAN）成员国（包括文莱、印度尼西亚、马来西亚、菲律宾、新加坡、泰国、越南）的最大出口国。从1990年开始，日本对亚洲的出口超过了美国。日本也是亚洲最重要的市场和最大的地区投资者。但种种迹象表明，日本的经济已达到了极限，开始呈现出衰退的趋势。

日本经济因股市和房地产价格一泻千里而受困。政府也无法进行行政干预，而最大的麻烦则是成堆的呆账。

日本在电子、电脑和通信的发展和销售方面逊于美国。它的汽车工业前景不妙。它的一度被推崇的教育和管理制度如今被世人怀疑。同时它还面临着严重的“认同危机”。

全球经济正在从单一国家经济走向网络集团经济。以种族为单位的网络只是其中之一，商业性网络正在形成。建筑业的网络，成衣业的网络，汽车、旅游、医药、金融……各种网络，都在以自己特有的方式组合成型。在当今的世界，各种政治势力日渐衰退，代之而起的是生机勃勃的网络型经济。

在新的世界形势下，政治化的西方国家，尤其是美国，仍然继续保持着冷战中的姿态，不免显得落伍。世界经济已经超越了“多边主义”，走向无国贸易。美国却连“多国贸易阶段”也未达到，虽然它在“世界贸易组织”中扮演着一个重要角色。

2. 从传统模式走向多种模式

财富累积、政治改革、科技发展、市场经济，加上人们从旅游、经商中获得的启发和能力，都是开创亚洲多元社会的关键因素。随着亚洲经济日益繁荣，政治逐渐开放，无论个人、公司商号或各种机关体制，都拥有愈来愈开阔的选择空间。两性之间、政府与人民之间、劳资之间，渐渐呈现出新模式、新结构，以及新的人际关系。

东西方之间学术方面的论述，激化了双方在价值观上的争辩。譬如，当西方将贸易问题与人权问题挂钩时，亚洲人对这种盛气凌人的“老大哥”姿态愈来愈不耐烦，甚至被激怒了。新加坡外交部常任秘书马布巴尼（Kishore Mahbubani）呼吁西方“别指手画脚”了。他表示，西方在道德上根本没有资格指责别人。何况他们自身已是一团糟。

但在亚洲发生的更深层次的变化，还是属社会和文化方面的。不管其结果是正面还是反面的，它们都与个人在环境中的角色转变密切相关。虽然一般认为亚洲因实利主义急剧高涨，原有的价值观将遭受冲击，我却相信，亚洲反而可因此巩固自我的价值体系。威胁愈大，亚洲知识分子的危机感愈强，愈会努力捍卫他们的阵地。而且，经济上互赖性愈强（因而丧失部分自我），愈懂得珍视并保存本土资产。这种心理会使人们对本国的语言、艺术和文学重新产生兴趣。结果当然是，泰国人更像泰国人，韩国人更像韩国人，马来西亚人也更具有自我风格。

尽管新的家庭形式和经济生活已开始在整个亚洲出现，但国立新加坡大学政治系教授 Lam Peng Er 认为，亚洲不太可能“从集体主义完全转向个人主义”，未来的趋势将是两者并存。

“互联网络”为人们敞开一道通往信息、观念和知识的大门，与全世界互通信息。这如果用于改善教育基础设施，对社会（尤其是发展中国家）将大有好处。年轻人中那些精通电脑的人，有丰富的科技知识，乐于接受新观念，的确是社会的宝贵财富，也将在社会变迁的过程中起推波助澜的作用。

我相信总有一天，所有亚洲国家都会实现民主。但亚洲人很反感的是，西方人对什么是民主、什么是非民主妄加评论。民主毕竟不是一件单纯的产品，它是一个连续的过程，因此我们所有人对民主都有各自的认识。本书通篇强调的一点就是，亚洲人要按亚洲人的方式行事，而不是西方人的方式。

不过，经济日益融合，旅游和人口流动带来的文化交流，均促使亚洲不同文化的融合。这点也印证了我曾提出的普遍性悖论，即：全球一致性愈高，地方特点愈鲜明——人们在经济方面愈是一致，愈会在其他方面（如语言、文化历史）展现出特色。

3. 从出口导向走向消费导向

在过去的 10 年中，亚洲的经济增长率一直保持在 6%—10%，未来 10 年，亚洲的中产阶级将会增加 1—2 倍。除去日本，亚洲其他国家的中产阶级人数到2010年将达到8—10亿，其消费水平也十分惊人，预计为8—10万亿美元。这个数字大约是现今美国经济的150%；而英国中产阶级用了将近一个世纪才达到了这样的水平。以今天亚洲的发展速度计算，不用10年，这一进程便会完成。

亚洲的中产阶级正在改变着这一地区经济、社会和政治的面貌。他们受的教育较好，结婚较迟，子女较少。这些居住在都市里的年轻的中产阶级，和世界上其他任何地方的中产阶级一样时髦。他们过着时髦的生活，并且要求高质量的产品和服务。对产品和服务质量的追求，构成了他们自觉地追寻高品质生活目标的一部分。

企业若想在亚洲发展，不能将各国分别看待，而应把亚洲看做一个中心市场，可以用类似的方法在新加坡、香港、台北、汉城与吉隆坡做生意。但在同一国家的城市和乡村做生意方式却不一样。在亚洲营销不能以国家为单位，而应在不同的市场中心之间设法找出共通点。

亚洲吸引了全世界的目光，其中汽车制造业对这个市场最为垂涎。发达国家的汽车拥有率早已饱和。1991年，全球汽车需求量已下降3%。未来会稍有起色，但预计到公元2000年左右，市场需求将仅能提高2%。

“发达国家的市场已到极限，”福特（Ford）汽车公司亚太地区副总裁布鲁克（Wayne Brooker）说，“汽车工业的未来全靠新开发的市场。”亚洲市场的潜力无边。……

毫无疑问，旅游业也会成为越来越多的亚洲国家中收入最丰的一项事业。

4. 从政府调控走向市场驱动

无疑，国有企业以后将如何发展是一个很值得探讨的问题。譬如，在许多国家，效益低下的国营企业是专为救济失业人员设置的。

国有制的原始用意并非为了保障每个人都有工作的机会，而是为了消除“无谓的竞争”。国有制的拥护者没有明确认识到，私营企业主的贡献并不在于为人们创造了工作机会（虽然他们在客观效果上起到了这个作用），而是在于用最低的费用赚取最高的利润，从而赋予了经济勃勃生机，这也是亚洲人民正在研究的重要经济课题之一。

中国与印度之间，不存在谁输谁赢的问题，而是两家都要赢。虽然没有任何两个亚洲国家会走同一条发展经济的道路，但不管如何，印度与中国如今正在共同创造着全球第三大经济区域。

由此可见，亚洲的基建工程机会多，竞争也很激烈。市场需求量之大，毋庸置疑。因此许多公司愿意承担风险以期赚取高额利润。但是许多分析家和观察家也提出了异议：亚洲经济是否能担此重荷？而更为关键的是：亚洲要发展，就不能不兴建这些基础设施。这就使得全球的投资商纷至沓来。

亚洲必须通过加固它的基础结构来支撑进取精神，并加强其在全球信息时代的竞争。而且还要在短短几年内，走完欧美国家几十年才走完的路。如此超速度发展，势必要给人民和社会带来消极影响 。无论就亚洲或是某一具体国家而言，最常见的问题就是财富分配不均和发展速度不一。前一个问题可以通过财富的再分配加以解决，但后一个问题恐怕要长期困扰着亚洲。更何况，亚洲腐败之风甚浓，一些私营企业也往往与政府相勾结以牟取暴利。

西方人要进入亚洲市场，还须会灵活应变，与当地建立友好关系，学会适应、运用亚洲文化。随着经济的现代化，亚洲政治也日趋开放，但西方人还不能要求亚洲完全做到“依法办事”。在这里，融洽的合作关系和相互信任才是成功的保证，而西方的法治作风就未必行得通。

5. 从乡村走向大都市

在亚洲，从乡村涌入城市的人数之众，使得政府不得不采取应急性措施来对付。

中国政府计划迁移4.4亿人口到新城市中去，其人数相当于美国和俄罗斯人口的总和。中国计划在2000年之前更新3000个城镇，另有500多个城镇将试行都市化。在北京—天津—塘沽区，将配合大都市建造卫星城；在黑龙江、吉林和辽宁等省份，新城镇将建成商业中心；河南省的南阳、湖北省的襄樊也将由产粮区转型为工业区。

中国的民工潮也许是最惊心动魄的了。有相当于美国人口40%的1亿多中国人，因受到约有3倍于干农活收入的工资的引诱，离开农村到城市打工。平均每小时内会有1000个外地人涌入北京火车站。据官方统计，每天早晨北京地铁的乘客中，70%是从外地来北京找工作的农民。

中国政府并没有阻止大规模农村人口外流的趋势，而是想进行控制、组织和鼓励。在未来的几年中，政府将会设立15000个民工就业机构及其城市对口单位。……

当然，这套政策制定的前提是，在可以预期的未来，中国的经济将持续发展，否则（或者经济出现滑坡、衰退），其结果将不堪设想。到2000年，预计中国会有2.68亿人失业，比美国的全国人口还多。

在未来10年左右的时间内，当亚洲由农业社会过渡到工业都市化社会时，将面临一系列挑战。尽管每个国家的情况不同，但大都会由稻米出口国变成进口国。

然而无论在何处，这样的社区意识都非常淡薄。在广东、上海、北京，只要工商业发展需要征地，当地居民就得迁走。而在地价节节高涨的市区中心，居民也是被迫迁往郊区。

6. 从劳动力密集走向高科技密集

台湾意识到以往传统的劳动密集型制造业的相对优势已经开始衰退。台湾“经济事务部”国际合作司副司长冯忠侠表示：“我们现在必须提高生产力，促使产品升级，即由原来的劳动密集型产品转为高附加值的高科技产品。”

台湾对刚刚确定下来的“战略性产业”（它们必须具备特有的专业技术能力）采取的奖励措施包括：放宽银行和金融限制（外国

银行可在台湾设立分行)；取消对外国法人投资者买卖证券的禁令。

中国的大城市也加入了这场高技术产品的竞争行列。1985 年，中国建立了经济技术开发区。到 1994 年，沿海地区已兴建了 27 个国家级的经济特区，内陆省份有 16 个，另有 9 个在偏远地区。有 25 个原地区级的特区已升格为国家级。北京市海淀区中关村“电子一条街”上坐落着许多所大学及研究机构。

1993 年上海计算机的销售额达到 8000 万美元。他们的目标是到 2000 年达到 20 亿美元。……

美国主要的信息业公司正在印度设立据点，因为世界上除美国之外，印度聚集的讲英语的科技人才最多。印度号称有 10 万名软件工程师和技术人员，有几百家公司（多数为当地人经营）为西方客户提供软件产品。《商业周刊》预计到 2000 年，印度工程师的人数将增长 1 倍。印度一名具有 5 年工作经验的工程师月薪为 800 美元，位居社会的中上阶层。

据资料咨询公司（Dataquest Inc.）的研究，中国的研究所和国营公司中雇用了 35 万名信息技术工程师，他们的平均月薪约为 105 美元。由于中国将电子业和电讯业列为优先发展的产业，想必其学术机构该马上开始加速“生产”大批的工程师了。

实际上每个亚洲国家都雄心勃勃地要与全球经济村相连结。亚洲现在已十分热衷于互联式电脑网络（Internet)，总有一天所有亚洲人都可以通过电脑、电话、传真、移动电话或卫星实现“天涯若比邻”的梦想，其实这只是个时间问题。

7. 从男权统治走向女性崛起

尽管多数女性仍生活在传统束缚中，但有一部分家境富裕、雄心勃勃的亚洲女性，已摆出进入21世纪的姿态。这股力量不但亚洲男性不敢轻视，而且全世界都必须予以关注。这部分女性受过良好教育，具有敏锐的商业头脑，事业心强。她们在男性一统的政界拓荒，与男人平起平坐，又在环太平洋经济圈的创业热潮中呼风唤雨，和男人一争高低。实力雄厚的华人第二代女性，作为亚洲新一代女性的佼佼者，正掌管家族企业，或在家族资助下，积极开拓事业。

男性的统治地位正在逐渐瓦解，妇女在商界、学术界和政界都已分得席位，与男性并肩而战。两性合作的社会格局在亚洲逐渐形成，并且日益明朗。

亚洲女性在基金管理和货币交易界独领风骚。事实上，日本所有的货币交易员几乎都是女性。一个原因是女性比男性具有更强的外语能力，而这正是处理国际货币业务的一项利器，不仅仅是因为女性善于理财而已。

亚洲之所以拥有高储蓄率，部分归因于女性掌管了家庭的财政大权。

整个亚洲正在政治化。该地区各国妇女正在涌入政界。老成持重的日本也不得不面对现实，旧的格局正被打破，妇女和男人同在政界叱咤风云。

愈来愈多的人意识到妇女参政的重要性。泰国高层领导人积极鼓励妇女进入政界。

亚洲其他地区随着社会现代化程度提高、经济繁荣，多生男孩在文化、经济方面的重要性将逐渐降低。

在社会变迁愈演愈烈的今天，许多亚洲人（包括所有亚洲男性和部分女性）并不欣赏亚洲女性在社会舞台上的亮相。亚洲人珍视家庭。过去养育孩子和赡养老人是妇女两大家庭义务。如今随着女性意识提高，养育孩子成为夫妻双方共同承担的责任，“母亲义务”让位给“父母义务”。这种全新状态打破了传统观念。它所带来的双性角色的转变使许多男性尚无法适应。但不论人们如何评价，在妇女寻求新的理想角色的过程中，她们将不断冲击传统观念。

女性的崛起并不是以牺牲男性为代价的。我们可以预见，亚洲未来仍面临严重的劳动力短缺，尤其是教育人才缺乏的问题。一旦妇女有更多受教育的机会，她们的才干便会在发展新型法律体制、新型经济体制和新型社会结构中充分展示出来。这将有利于整个社会的前进，无论男性或女性都会从中受益。亚洲女性会探索出特有的道路。她们会凭借聪明才智，将传统的宗教规范、文化习俗、家庭关系与新时代造就的工作方式和经济、政治领导角色完美地融为一体。她们将以亚洲风格重写女性主义的定义，为提高人类的生活质量，发展人性无限的丰富性，开辟新的途径。

8. 从西方走向东方

世界政治、经济、文化力量的格局正在发生变化，这种变化将不再仅仅是美洲、欧洲的力量所能左右，而是与亚洲共同合力完成的。

如果对中国这个古代巨人又能重现当年雄风抱有种种消极的畏惧与忧虑，这也是可以理解的。因为这个巨人的觉醒将永远改变东西方力量的对比平衡。这个世界现在必须考虑的是积极的、有预见性的对付中国的亚洲式的方法：承认并且允许中国在国际关系准则下，重塑它的领导角色。亚洲国家只有认识到与中国在政治、经济上的共同利益，并且承认它的至高权威，才能够与中国的崛起及领导地位协调发展。也只有这样才能减少这一地区间的冲突与不稳定的因素。

亚洲国家也能像欧洲联盟那样结盟吗？答案是否定的。现今的联盟几乎完全是被经济利益所驱动的。然而亚洲国家，诸如东南亚国家联盟，它们将要创造一个经济组织，并相互从各自的市场、劳动力、资源、资金以及技术中获益。

由于意识到信息网络的重要，亚裔企业家结成自己的组织，其中包括亚裔制造商协会、中国工程师协会、中国软件专家组织等。这些组织总能保证亚裔公司的决策人员始终信息灵通。

整个世界舞台上正上演着一出大融合的戏剧。全球各个角落都被信息高速公路紧密地联系在一起。亚洲人的经验和对美国的影响力，可以成为其他社会群体的楷模。亚洲的现代化不能被看做它的西方化过程，而应是它自己的“亚洲方式”的现代化。因此，融入美国社会的亚洲移民也不能被视为美国化的亚洲人。亚裔美国人也同其他美国人一样有信念、有追求，他们希望被美国社会承认，并且选择自己的工作和生活方式。他们希望自己的工作和同事的一样受到高度赞赏。同时，他们并没有也不愿意抛弃自己的文化传统。他们以亚洲方式来做美国人，结果使得美国社会乃至全球社会都变得丰富起来。

英语将在亚洲商业和国际交流中保持重要位置。这种重要性会随着亚洲的进一步开放和自由化而增强。但是不久之后，将会有另一种语言居于统治地位，那便是中国普通话。

（摘自《亚洲大趋势》，（美）约翰·奈斯比特著，外文出版社、经济日报出版社、上海远东出版社 1996 年版）

三、《中国大趋势》主要论点

一个新体制的崛起

中国正在创造一个崭新的社会、经济和政治体制，它的政治模式也许可以证明资本主义这一所谓的“历史之终结”只不过是人类历史道路的一个阶段而已。

任何对于中国未来的探索都离不开对中国改革开放30年的分析。在这30年中，中国从战后的共产主义国家走向了新型的政府体制，并且实现了现代史中前所未有的发展。

分析中国自身的条件和优点，我们不难发现，共产党的路线方针是坚定不移地为中国人民谋利益的。这种长远策略方针的执行不会像西方国家那样因为总统任期的结束而中断。中国也没有导致国家分裂的党派斗争，没有因为路线的突然改变而使发展受阻。相反，它一直坚持着改革开放初期所制定的共同目标。自上而下的战略方针与自下而上的参与相得益彰。我们还发现，中国就像一个超大企业已经实现了重组，从破产边缘走出，实现了丰厚的利润，成为世界上第三大经济体。它机智地应对了挑战与危机，在经济上的成功得到了全世界的认可。它用八大支柱牢牢支撑着自己的目标。

我们认为，这八大支柱正是支撑中国新的社会经济体制的基础。

支柱之一　解放思想

当时的时代背景是全中国10多亿人都在搞阶级斗争，必须以共同发展的目标把这些人团结起来，必须把“文化大革命”的毁灭性力量转化为建设中国新社会的动力。要实现社会的变革首先要允许人民重新进行自主思考。解放思想是中国社会变革中第一个也是最重要的支柱。

1978年5月，邓小平向全中国发出号召：“我们必须解放思想”，由此在引领中国走向现代化和市场经济的道路上迈出了关键的第一步。

邓小平明白，一个自上而下决策的中央集权社会绝不是市场经济的沃土。因此，想要实现以权力分散为特点的经济改革的成功首先必须解放思想。几十年来一直受压抑的中国人必须要学会独立思考。权力分散和思想解放必须同时进行。

在改革初期，18位因绝望而无畏的农民在摆脱教条思想的禁锢之后大胆地迈出了改革的第一大步。邓小平的改革需要调动基层群众的主观能动性来提高劳动生产率，因此他支持了这些农民的农业改革。很快，各领域都呈现出了精神解放的繁荣景象。大范围的教育改革也逐渐开始了。科学、艺术和社会领域都在越来越自由的氛围中开始探索。

实际上，邓小平的解放思想就是号召大家摘掉意识形态上的有色眼镜看待中国的现实。号召解放思想以及“实事求是”，不仅对中国人民来说是一个新纪元的开始，对中国领导人来说也是一个巨大的挑战。相信民众和摈弃教条主义的禁锢必然会使社会释放出巨大的能量。如果没有足够的信心和坚定的信念，邓小平是不会启动这项伟大工程的。在中国大地上已经和正在发生的诸多事实都证明了这一点。

中国的变化绝不仅仅是表面上的，各社会阶层和各级政府也都发生了深刻的转变。解放思想不仅实现了言论、决策和选择自由，而且还是自主的必要条件。

随着中国新的体制的发展，它的形象会更鲜明，领导层受到的责难也会越来越少。如果我们考虑一下中国所经历的政治改革是多么宏伟，解放思想的力度是多么巨大，那么我们对于中国的未来就不可能不持乐观态度。

支柱之二　自上而下与自下而上的结合

中国政府自上而下的指令与中国人民自下而上的参与正在形成一种新的政治模式，我们称之为“纵向民主”。

支撑新中国社会长治久安的最重要、最微妙也是最关键的支柱就是自上而下（top - down）与自下而上（bottom - up）力量的平衡。这是中国稳定的关键，也是理解中国独特的政治理念的关键。

中国人的思维受到两个因素的重要影响：社会秩序与和谐。这两个概念是儒家学说的中心思想，孔子认为只有秩序才能为人们带来真正的自由。同样，一个秩序良好的社会也为人们提供了可以自由活动的环境。在中国人看来，秩序并不抑制自由，而是界定自由活动的空间。

中国人相信人们生来就是密切联系的，所有个人都是集体的一分子。在传统中国社会中，与他人和谐相处是处世的要领。个人责任远不如与周围人的关系重要。在这种环境下，政治运作不是依赖对立的政党或者政客，而是通过自上而下和自下而上的过程实现意见的统一。

中国正处于创建符合自己历史与思维的民主模式的初级阶段。虽然这种纵向模式也有自己的缺点，但是它的主要优点就在于能够使政治家们从为了选举的思维中解放出来，以便制定长期的战略计划。

中国的领导权掌握在共产党手中，但是中国共产党执政的理念与方式在过去30年中已经发生了巨大变化，转变为吸纳民众自下而上参与的执政党。在这个纵向民主社会中，人民群众自下而上地进行参政议政，政府决策和执行的透明度也在逐步提高。无论“人民”的定义如何，它都是中国政治体系的中心。

这一模式适合中国历史、中国人的思维以及对于和谐稳定社会的追求。

支柱之三　规划森林，让树木自由生长

在中国当今的纵向民主体系中，国家的长远目标是通过自上而下与自下而上的程序形成的。政府制定政策和优先发展重点，而人民各尽其责，在保持和谐与秩序的同时允许多样性的存在。

30年前，中国就像是一片大森林，所有的树木都必须是一样的，不允许标新立异。但是事实证明，这种高度一致的森林是无法实现可持续发展的。邓小平意识到了这一点，于是号召人们解放思想、允许多样化的存在，为中国的生存与发展迈出了关键一步。

最好的办法就是逐步重新造林，看看哪些树木能够存活，哪些不能。经过一段时间之后，让森林里的树木自由生长。

从改革开放之初，中国人民开始体验自由，但是同时他们也感受到了随之而来的责任。规划森林，使人们可以栽种新树苗、进行新试验，固然很重要，与此同时，邓小平坚持了大的政治框架——社会主义，在这一大的政治框架内制定新的经济框架。

为引领中国进行历史上最大的转变，邓小平在1978年提出了一个新的主要矛盾：

“在现阶段，我国社会的主要矛盾是人民日益增长的物质文化需要同落后的社会生产之间的矛盾。”

成为新的政治纲领的这个主要矛盾在邓小平执政初期被写入中国共产党党章，并且一直保留到现在。它平衡了社会主义原则与现代化的物质需求。

在中国，“取得社会主义事业的伟大胜利”这一总体目标从未改变，但是在这一大框架下中国发生了巨变：土地承包、农民拥有土地出租权、引进外资加速中国的工业化进程、设立经济特区、推广试点成果、发展私营经济等非公有制经济。

1997年9月，在中国共产党第十五次代表大会上，江泽民提出了“混合所有制经济”的概念。这是解放思想的第三个伟大历史进程的开始。“抓大放小”的方针成为修剪中国“红杉林”的新政策。

最近几年，“科学发展观”这一新概念不断出现在中国的媒体上。这是以胡锦涛为首的领导集体所提出的执政新概念，也是理解中国发展和未来趋势的关键。

支柱之四　摸着石头过河

摸着石头过河的意思就是冒着一定风险通过反复尝试探索未来的道路，“实事求是”。

当开始朝着某个目标进发的时候，我们并不知道会遭遇什么样的挫折和机遇。我们必须从实践中学习。这就是邓小平的格言“摸着石头过河”的基本思想。

支柱之四就是关于中国对于未来的探索。它所涉足的是全新的领域，并将继续努力到达新的社会经济体制与和谐社会的“对岸”。中国在一路走来的过程中成长起来，明白了哪些东西是行得通的，哪些是行不通的。

战略是中国人思维中的重要部分。他们高度重视聪明机智的运筹。“摸着石头过河”就是这种思维模式的体现。总体目标已经明确界定，中国为到达河对岸进行了战略规划和战术部署，同时留出了灵活应变的空间。

从改革一开始，中国就运用小规模试点的方式来进行检验。法规、保险、制度、教育模式、投资模式，甚至文化领域的一些做法都是在进行试点之后再向全国推广的。

在经济方面，邓小平所采取的试验策略使一些地区成了大型经济实验室。

“让一部分人先富起来”的政策本身就是一个突破。经济特区的建立与成功是“摸着石头过河”中的一块“大石头”，它也成为中国经济的坚固基石和改革的象征。如浦东新区的开发，海尔、联想集团的崛起等都见证了中国奇迹。

政治“大石”：中国在政治领域的进步却被低估而未被认可。

交流“大石”：媒体的相对自由来之不易。言论自由虽然还没有完全实现，但是也并不像西方媒体所说的那样受限，在这个问题上中国会逐渐放宽。但无论如何，中国媒体的自由程度是比不上西方国家的。中国人坚定地维持和谐稳定，而且有自己的民族自尊，因此有时会导致一些过激反应，如果威胁到政治权力、危害国家利益和“和谐社会”，他们是不会手软的。

支柱之五　艺术与学术的萌动

没有艺术家与知识分子的引领，任何社会都是不会进步的。

艺术家和知识分子是最早摆脱清规戒律束缚，放飞自己想象力与梦想的人。他们的创造力被大大释放出来。艺术家和知识分子将一直充当先锋，只有他们的觉醒才会提高整个国家的水平。

艺术家走在了邓小平精神解放队伍的前列。

中国艺术已经走向了世界。再没有任何东西能比现代艺术更能展现中国正在迈向个体主义新时代了。所有艺术家都在努力表现自己的思想与经历。个体的自由也促进了艺术表现形式的多样化。中国正逐渐成为世界艺术、建筑和设计的引领者，正如20世纪的美国一样。

越来越多在国外学习或者工作的中国人正被中国的无限机会吸引归来。许多“海归”还带回了对西方音乐的热爱。中国的演出市场、电影产业、乡村文化等正爆发出勃勃生机。

随着经济的发展，中国也正在向世界推介自己的文化。

与世界其他地方一样，教育也是中国经济发展的关键。教育已经不仅仅是社会的需要，而且也成为经济发展的首要重点。提高教育水平的关键是竞争。中国在这方面已经迈出了第一步。

支柱之六　融入世界

中国积极参与世界经济、政治和文化各领域的活动，表明它正在争取与自己的发展相匹配的国际地位。

中国登上世界大舞台之前所走出的第一步就是改变心态。新的自我意识的形成使得中国愿意向多年的敌人、意识形态上的对手学习。中国从封闭的状态中走出，成为世界经济、政治和文化领域的重要一分子。

中国的奥运口号“同一个世界，同一个梦想”充分体现了中国融入世界的愿望。

中国加入 WTO 后与各国进行经济合作的机会大大增加，已经完全与国际市场融为一体，而且在发展对外关系方面所表现出来的活力也是其他任何国家都难以企及的。

20 世纪下半叶的世界舞台被两个超级大国所垄断：美国和苏联。它们所扮演的是对手的角色。苏联分崩离析之后，中国成为美国唯一的潜在挑战者。未来的中美关系将成为最令人瞩目的双边关系。

这两大强国将不再是敌人，而是这个经济相互依存的世界中的合作伙伴，这在历史上尚属首次。中美应该携手共建稳定的世界新秩序。

过去 30 年，中日关系的逐步改善已经印证了邓小平当年开放中国、着眼未来、发展新型外交关系以使中国融入世界的判断与措施的正确性。

西方国家在中东、非洲和拉丁美洲影响力的逐步下降与中国日益增长的影响形成了鲜明的对比。

中国与世界其他国家在教育方面的积极合作与交流发展迅速。中国还将加大力度吸引海外杰出人才来中国工作。

对于个人来说，融入世界的最有效途径就是互联网，无论人们对网络自由的看法如何，都会注意到自上而下与自下而上力量的平衡。现在需要达到的平衡就是在中国融入世界的同时保持自己的独立性。

20 世纪末中国开始融入世界。21 世纪，中国将成为世界舞台上最重要的一员。

支柱之七　自由与公平

支柱之七是探讨经济能力与社会需要、少部分人获取经济成功的自由与大多数人对于社会服务的需求之间的平衡。

关于资本主义和社会主义的争论的焦点经常落在自由与公平上。20 世纪 70 年代末，中国人清楚地意识到，计划经济和平均主义给中国带来了巨大灾难。

中国正在探索一种兼顾自由与公平的新体制。中国的总体目标就是到 2020 年基本消除绝对贫困现象，建成小康社会。这种努力体现在社会保障、医疗卫生保障、进城务工人员的迁移、剩余劳动力和教育等诸多方面。

提到公平，财富的再分配、社会福利项目和慈善事业都治标不治本。营造教育机会均等、鼓励创新的环境才是抗击贫穷与社会不平等的最有效手段。

自由经济是允许人们施展才能把握商机的基本前提。香港这个例子告诉大家，北京领导下的资本主义体制可以多么出色地为人民利益服务。中国正在变得越来越香港化。

在商界，自由意味着可以努力工作并且享受自己的劳动成果。公平则是为各层次人群提供均等的教育机会，并且与那些因为各种原因无法完全自立的人分享财富。

教育是使人们自立的关键要素，是打开自由与公平大门的一把金钥匙。

支柱之八　从奥运金牌到诺贝尔奖

在未来几十年中，中国一定会在经济发展和国家竞争力方面重现2008年奥运会上的辉煌。中国经济的可持续发展将取决于从模仿到创新，从为外国品牌进行加工到拥有自主品牌的转变。中国正逐步走向“创新型国家”。

中国在2008年北京夏季奥运会上取得的辉煌成绩，正是中国未来经济竞争力的预演。竞争力的终极目标就是一个国家人民的富裕。成为世界上最具竞争力的国家非常符合中国的需要。

美国成为一个创新型国家，并不是因为美国人比其他人聪明，而是因为美国社会允许犯错误，鼓励创新，把错误看做学习的机会，欢迎失败的企业家东山再起。

论资排辈与家长制思维是中国从世界工厂转变为一流创新国家的最大障碍。

青岛等许多新兴城市与浦东一样，将成为中国迈向下一阶段——创新型国家——的行为榜样。中国正在向工业化、信息化、城镇化、市场化、国际化国家进发。

21 世纪初，中国与发达国家在高科技研发上的差距已经明显缩小。中国 60% 的技术，包括核能、太空探索、高能物理、生物科学、计算机和信息技术、机器人技术等都已达到或者接近世界先进水平。

中国已经成功地调动了本国人才的积极性以提高经济的技术含量。但是中国与世界发达国家依然存在很大差距。

胡锦涛主席在 2007 年十七大报告中确认了中国的科学发展：为了建设创新型国家，中国必须在全国建立现代化的教育体制、实现义务教育，必须依法治国、减少政府对微观经济运行的干扰、增强自主创新能力，与时俱进、面向世界、面向未来。这是对于未来任务很好的概括。

也许明天中国还不会有诺贝尔奖得主的出现，但是世界将认可，新型经济模式已经把中国提升到了世界经济的领导地位。

（摘自《中国大趋势》，（美）约翰·奈斯比特、（奥）多丽丝·奈斯比特著，中华工商联合出版社 2009 年版）

附录三

启正印象

善于沟通的演说家
权威的新闻发言人
微笑的公关大使
新一代文雅的中国官员
诲人不倦的学者

吴建民 前驻法大使

赵启正在介绍中国所取得的成绩的过程中，没有大话和套话，内容翔实。用事实来说明中国的变化和进步，令在场的听众信服。

蔡名照 中宣部副部长

启正的确是善于沟通的演说家，他总能在双方的差异中找到共同点，在距离之间找到桥梁。即使是严肃的话题，他也能轻松幽默地表达；即使是尖锐的挑衅，他也能使其为我所用。

杨正泉 中国人权研究会副会长

赵启正是1998年4月担任国务院新闻办主任的，在这之前他是学实验核物理的，养成了注重实际、注重科学的学风。后来他长期担任上海市副市长兼浦东新区管理委员会主任，天天与外国各界人士打交道，参与国际活动，在做实际的外宣工作。他熟悉外国人，喜欢并善于与外国人交朋友，谈话务实，懂得如何有效地与他们对话。他反应敏捷，能迅速捕捉到对方谈话的要点，找准回应切入点，用对方最容易接受的方式对话。他有一种独特的“跳跃式”思维方式，善于捕捉最重要最有特点的事实，讲最需要最应该讲的话，不求面面俱到；他善于形象思维和反向思维。他的语言表达含蓄、简洁明快、幽默风趣，他喜欢说自己的话，很少讲官话、套话，很少有定式的表达方式，容易说服和打动对方。他的讲话似乎信手拈来、轻松自如，表现为举重若轻，而背后却总是举轻若重。他是一个勤于学习的人，他多年积累了大批资料卡片，建有个人资料库。

林戊荪　著名翻译家，中国翻译家协会顾问

赵启正的权威性不完全源于他的身份，更多的还在于他态度诚恳、知识渊博、思路清晰、语言生动，因而赢得了国内外受众的欢迎。以前赵启正曾是一位核物理学家，他担任国务院新闻办主任不久，就在一次记者招待会上以这一科学精神，用事实和数字，有力地驳倒了美国议员考克斯造谣我国盗窃美国核机密的报告，使这个无知的政客输得精光，关于《考克斯报告》的新闻在美国被评为当年十大坏新闻之一。

黄友义　中国外文局副局长兼总编辑，中国译协副会长兼秘书长，国际译联副主席

对于外国来访者，启正是一位细心、周到、热情的主人，会见首次见面的客人之前，启正要认真了解相关背景材料，见面之后，还要把重要的内容制成卡片，下一次见面之前，再将卡片取出来复习一下。这不仅说明他严谨认真的工作态度，更能让客人感到受到尊重，感受到启正的真诚和热情。

周树春　新华社副总编辑

只有感动自己，才能打动别人。这应该是传播与交流的一个基本规律。显然，赵启正在演讲中倾注了奔放的激情，也倾注了炽烈的热情。

马为公　中国国际广播电台副总编辑

面对任何问题，赵主任总是善于用事实说话，用数字说话，用事例说话。他对不同领域的了解和他对问题的独到见解，都显现出他的博学。而他的博学，折射出的是中国新一代领导层、政府高官良好的政治素养、执政能力和知识水准。听众会得出这样的结论：中国政府的高官是开放的，有知识的，充满智慧的。

黄星原　中国外交学会秘书长

每当我们的工作处在最困难的时期，总有一个资深外交家站在我们身旁，这就是国务院新闻办公室主任赵启正。

李希光　清华大学国际传播中心主任

政府高官的公共演讲是引导和影响境内外主流媒体报道的成本最低和最有效的方式。赵启正在发表公共演讲时，他的立场毫无疑问是政府的，但是他的思维方式和使用的语言却是新闻记者式的。他在演讲中很少使用行话、套话等远离听众的语言。这在表面上看是文风问题，实际上表现了赵启正作为一名高官的朴实和诚实的态度。

刘国明　中国核工业总公司第二研究设计院前院长、核工程专家

赵启正的语言有着中子的特质——无与伦比的穿透性；不过不是穿透物质，而是穿透心灵。

水均益 中央电视台节目主持人

做客日本、美国、欧洲等国最具挑战性的电视节目，接受最不客气的大牌主持人的采访，启正主任总能得胜而归，而且还能带回无数让我这个中国的电视节目主持人羡慕无比、赞叹不已、反思良久的话题和花絮。

吴小莉 香港凤凰卫视资讯台副台长兼新闻主播

不看他的履历，会让人以为他学的是历史、哲学、文学，或是我的本行传媒，但这位物理专业的核技术专家，却在科研领域工作近21年后转行。自称当时只喜欢面对科研、不习惯和人打交道的他，现在对自己说的话字斟句酌，务必求其完美，生动而有趣。

黄　燕 新华社对外新闻编辑部国内新闻编辑室主任、主任记者

赵启正是媒体眼中的“News maker”（新闻人物）。他非常善于跟记者沟通，不论是国内的还是海外的。他的讲话富有个性和亲和力，让人觉得是在跟一个生动的人而非机器人交流，非常受记者欢迎。此外，他总能巧妙地向记者提供一些我方希望传达的信息，却不至于引起记者的“反感”。这一点听起来有点不可思议，但若跟海外记者接触多了，就会深有感触。跟国内记者有所不同，海外记者和读者不愿听说教，更喜欢自己得出结论。说得形象些，跟他们打交道需要“疏导”而非“堵截”。从这一点上讲，赵启正可谓对外宣传方面的“大禹”。

董　岩　中央电视台社教中心策划、专栏作家、新闻学博士

很难想象，一个人会有这么大的机遇空间——在最著名的大学里，接受最尖端学科的教育；在最尖端的国防部门长期服务；在最发达的城市里参与中国改革的最前沿；在最具国际舞台的部门，为中国营造有利的国际舆论环境；在最著名的新闻院系，为中国培养优秀的新闻人才。这个将智慧和激情发挥到极致的人就是赵启正。他在不同角色的转换中，淋漓尽致地诠释了勤奋加智慧的成功规律。

国际舞台上的赵启正，是一个权威的新闻发言人、智慧的斗士、激情的文化传播者。在下属的眼中，他一直是“特别”的领导。他思想开放，作风硬朗，一上任就把各级领导办公室用于午休的床全部撤掉；他嗜书如命，每天阅读书籍和资料常常在 4 小时以上；他身为部级干部，没有官架子，讲话无官气，许多下属有时叫他赵主任，有时索性叫他启正；而在接受一群记者采访时，他会双手抱拳曰：本人赵启正。就是这样一个学者型官员，常常语出惊人，谈笑间闪烁着理性而智慧的光芒。

靳羽西　羽西化妆品公司副总裁，世界著名电视节目主持人、制作人

赵启正为人热情、诚恳，谈话时真诚读懂你双眼的内涵，不时露出亲切的微笑，言谈举止无不显现大家风范，对语言的运用更是极为自如，真是妙趣横生。

还有一点让我震撼的是他能很好地记住别人的名字。有一次时隔好几年后见到赵部长，他竟然能记忆犹新地回忆起我们上次见面时的谈话内容，真是令人叹为观止！

这些看起来都是琐碎的小事，但他这些优秀的人格魅力，让人学会却不是易事。这是他人品素养多年的沉淀积累。

如果你想成为一位外交家，一位领袖，一名教师，一名电视制作人，你都需要这些最为基本的优秀素质。所有伟大的交流大师几乎全都具备这些人格魅力，然而赵启正部长却把这些人格魅力挥洒得淋漓尽致。

江　迅　英国 BBC 中文网中国事务特约撰稿人

相对李肇星的“硬”而言，赵启正的讲话体现了“软”的一面。在对外宣传工作任上，他知道境外传媒采访时需要什么，也敢于承认政府工作的不足，善于运用西方人熟悉的典故和人物，用一种境外读者和观众能接受的语言，表达他的本意，极力推行将“宣传中国”改变为“说明中国”的方略。

亨利·基辛格　美国前国务卿

赵启正领导的新闻办为美中关系作出了贡献，只是有的人不了解，而这正说明了他的工作技巧。

理查德·D·帕森思　时代华纳公司董事长兼首席执行官

我特别感谢赵主任以专业、和善的态度对待在中国的所有媒体公司，感谢他不辞辛劳地致力于向全世界介绍中国丰富的文化和传统。在鼓励中国媒体扩大对外合作的过程中，赵主任发挥了关键性的作用。

约尔克·贝克曼斯 德国爱希瓦尔德国际大学中文教师

在作为中国“新闻主管”时，赵启正用一种灵活的方式展现了北京的政策。他的《向世界说明中国》展示了其富有人情味的、雄辩的和灵活的外交风格。我在教授中文课程的时候，把这本书作为我的教材，不仅让学生了解中国，还分析其中的辩论逻辑、修辞方法以及挑选素材的方式，以使学生了解如何阐述自己的政治论点，同时展开自己批评性的意见。

罗伯特·劳伦斯·库恩 美国库恩基金会主席，《他改变了中国：江泽民传》作者

中国国务院新闻办前主任赵启正与著名的国际传教士路易·帕罗进行了一系列的对话。对话内容涉及到《圣经》与上帝、创世记、宗教与鬼魂、中国的宗教信仰、中国与西方的文化和哲学、宗教与科学，以及宗教与社会和谐等。

这是一次开创性的努力。正是类似的议题才使得人类更加智慧、更加警醒，加深他们对现实的了解。我十分赞赏赵启正先生对智慧的孜孜以求，赞赏他的勇气，敢于涉及这个无论在中国还是在全世界都十分具有争议的话题。

福川伸次 前通商产业事务次官、日中经济协会21世纪日中展望委员会委员长

与赵启正先生有过多次交往，过去就为他的深厚的人格魅力所倾倒。通过拜读赵先生的对谈录，更加感佩他充满了爱心的人性和

涉及古今东西的广博知性。

安斋隆 日本7银行社长

首先感佩赵启正先生以一个无神论者的姿态与宗教家对话的勇气。通过阅读该书（《江边对话》）使我更加坚信：具有信念的思维方式和生活方式本身就应该被认为是一种“宗教”。对谈的思辨和睿智让我深受感动。

香港《大公报》

严肃的新闻发言人、微笑的公关大使、爱挑战的新闻官、诲人不倦的学者与善解人意的长者，这五重角色，是赵启正今天给人的印象。

《亚洲周刊》

作为中国政府的公关总领，执策了江主席美国魅力攻势的赵启正个人背景非同寻常。赵是核物理学家，毕业于中国科技大学。其事业生涯的大部分时间都是在上海的党政部门度过的，而上海则是中国最主要的大都会。作为上海市副市长，他曾主持了以外资为主的浦东新区的开发。

自从赵接管国务院新闻办公室以来，官方信息的发布方式已发生了巨变。他不仅倍增了记者招待会的次数，而且敦促中方官员给记者提供更多的便利。他甚至还采纳了一些西方的做法，如非正式谈话不供发表等。赵还恢复了在官方记者招待会上使用英文的制度。

但是赵结朋交友、对外国人施加影响的最大创意还是那场历时二十余天异乎寻常的“2000 中华文化美国行”活动。

在江访问期间，赵启正深入虎穴，在华盛顿国家新闻俱乐部给 100 多个美国记者作了演讲。他的讲话老调重弹，强调了中美两国人民之间的长期友谊，也包含了一些抱怨之词。赵言辞颇坦率，但是这位中国的形象大师如果想更有效地传达信息的话，还得继续努力。

路透社

赵启正演讲中表现的坦率和开放有助于中国的公关努力。

《纽约时报》

赵启正是新一代文雅的中国官员之一，西方的外交官对他的相对开放态度均印象深刻。

俄罗斯《新闻时报》

赵启正先生的演讲体现出中国对外宣传的崭新风格，既积极灵活，又坚决捍卫自己的国家利益。

附录四

奈斯比特夫妇印象记

奈斯比特的中国「粉丝」

从《大趋势》到《中国大趋势》

终于登上了世界屋脊

与学者座谈

2009年春节刚过，哈珀·柯林斯出版集团的中国业务发展部总经理周爱兰女士告诉我，美国未来学家、埃森哲评选的全球50位管理大师之一，《大趋势》的作者约翰·奈斯比特将携夫人来京，希望我能见见。这也是我2008年初访美在纽约与时任哈珀·柯林斯总裁的简·弗里德曼女士会见时讲的一个想法，我们希望能有像写《大趋势》、《第三次浪潮》、《软实力》这样的作者来写中国。我特别提到奈斯比特有一本新书《定见》（*Mind Set*）在中国出版不久，反响不错，而且听说他正准备写《中国大趋势》，不知哈珀·柯林斯是否了解这个情况，是否考虑出版此书？简随即拿出一本英文版的《定见》说，这就是我们出版的，奈斯比特应该是我们联系的作者，有机会你应该见见。果然，就有了这次见面。

奈斯比特的中国“粉丝”

对奈斯比特先生，我并不陌生。20世纪80年代初，有两本书在风靡世界的同时，也席卷了中国。一本是托夫勒的《第三次浪潮》，一本就是奈斯比特的《大趋势》。当时的中国领导人甚至将这两本书作为司局级干部的必读之书。中国的学子们，大学生和研究生更是对其趋之若鹜。因此，托夫勒和奈斯比特就有了许多中国“粉丝”，当时就读于中国社会科学院研究生院的我就是其中的一个。据说，《大趋势》全球销量超过了1400万册。我想，这绝对是一个保守的数字。我逐字逐句读完了这本书，尽管并没有完全读懂，但是知道这两本书之所以受到全世界的追捧，是因为它们将成为整个人类从工业化时代进入信息化时代的标志性著作，对于刚刚改革开放的中国而言，无疑具有启蒙作用。其后，奈斯比特又有《2000 大趋势》、《女性大趋势》以及《亚洲大趋势》相继问世，我就有些着急：他什么时候会写一本《中国大趋势》呢？

从《大趋势》到《中国大趋势》

终于听到奈斯比特写《中国大趋势》的消息，我当然要见见这位神交已久的预言大师。

我们被安排在东方新天地的翡翠宫见面。约翰·奈斯比特及夫人多丽丝·奈斯比特如约前来。老人虽已八十高龄，却丝毫没有老态，除精神矍铄外，那充分展示个性的大胡子风采依旧，只是比想象中的略为清瘦了些。

给我的名片是“奈斯比特中国研究院院长”，我们的谈话从《大趋势》谈到了《中国大趋势》。奈斯比特说，若干年前，江泽民先生曾约见过他，他对江说过，台湾地方很小，故事不多，但讲得很好。中国大陆地方很大，故事很多，却没有讲好。江说，为什么你不讲讲呢？是的，我也听过这个故事，也有这个问题：为什么你不讲讲呢？奈说，很遗憾，我错过了一个机会，但是，我当时确实没有准备好。现在，我准备好了。《中国大趋势》经过 3 年的考察和研究，终于要脱稿了。

奈斯比特与中国有很深的渊源，第一次访问中国是 1967 年，经过 40 多年的观察和研究，他对中国充满了信心。20 年前，他说中国是黎明之国，进入21世纪，黎明正在转为白昼，中国以惊人的速度崛起。他对西方与中国的发展情况这样总结：西方国家正在保持着现状，而中国正在实现着新的目标；西方国家在很多方面进行思想禁锢，而中国正在解放思想；西方国家不断增加间接管制，而中国正在减少经济管制和监管；西方想要告诉别人他们是问题的解决者，而中国是更多机会的寻求者；问题的解决者侧重于过去，机会的寻求者则着眼于未来。西方国家正在走下坡路，中国正在走上坡路，而西方对这种状况缺乏心理准备，他们对中国时而恐惧，时而妒忌，时而排斥，所以，他们经常心态复杂地攻击中国。

我和奈斯比特夫妇边吃边聊，很是投机，既没有年龄的距离，也没有文化的隔膜。老先生的目光中透露着睿智、深刻，也有渴望，还有童稚。他对中国的友好及对中国前景的乐观，基于他对中国的了解和研究。

当我问起《中国大趋势》的写法时，老先生拿出一叠A4纸，说，这是最新的写作提纲和要目，然后一一讲给我听。全书共有八个部分，被奈斯比特称为“新社会的八大支柱”。当听到“自上而下，自下而上”这一中国特色的政策制定及管理模式时，我忽然想起了一个案例——2003年的孙志刚案。孙因未带身份证而被扣留，在看守所期间被殴打致死，引起公众不满，舆论哗然，特别是网民穷追不舍，以致3个月后，国务院取消了收容遣送制度。我简略地告知这个导致制度改变的故事，奈斯比特夫妇认为这个案例很重要。听着奈斯比特对中国趋势的描述，由不得你不对中国的前景充满信心。想当初他在《大趋势》中预言的十个大趋势，大部分已成为现实，其中“网络社会”和“全球化”两大趋势已成为当今社会的主流。

终于登上了世界屋脊

基于几十年对中国的关注和集中研究，《中国大趋势》的撰写很顺利。当然，他们的观点与西方媒体的说法不同：“西方媒体在批评中国时异常一致，以至于在报道中国积极方面的时候都需要做出解释或者显得羞羞答答。”但是他们的观点是建立在多年对中国的研究与世界发展的比较之上，是在用事实说话，所以他们坚定地认为自己的观点正确。在谈到西方普遍批评中国存在的“3T 问题”（天安门、台湾和西藏）时，奈斯比特夫妇并不回避。因为北京和台湾他们来往多次，只有西藏从未涉足，书中所写关于西藏的事情都是引用别家说法，所以，奈斯比特夫妇坚持要造访西藏，坚持用自己的眼睛，用亲身体验来看西藏，感受西藏。2009 年 9 月 6 日至 11 日，奈斯比特夫妇终于登上了世界屋脊，来到了阳光圣城拉萨，了却了这一夙愿。

我作为此行的陪同人员，不仅被奈斯比特先生严肃的学术态度感染，也被其勇气感动。试想一个从未到过西藏，且已八十高龄的老人（奈斯比特很不愿意我们称其为老人），为了向世界说明西藏，为了澄清那些被混淆的是非，不顾我们的多次婉拒，毅然决然地来到海拔 3700 米的拉萨，马不停蹄地参观、座谈、会见。连我们都有些精疲力竭，他却始终精神抖擞，毫无倦意，可见是与西藏有缘之人。圣城拉萨的壮美风光，蓝天白云的洁净，学者的睿智，学生的勤奋，官员对工作的热忱以及农牧民生活的祥和，无一不使其兴奋。因此，奈斯比特先生称此行是“生平最伟大的一次旅行”。

与学者座谈

看到我们的日程表上有与西藏社科院的学者的座谈时，奈斯比特很高兴，也很期待，反复问我：都有什么人参加？是研究什么专业的？我回答：院长带领几位各领域的研究人员，包您满意。

9月7日下午3：30，我们准时到达社科院，王副院长在楼下迎接，原来写西藏的二元社会结构的孙勇，算是半个熟人吧，现在成了社科院的书记兼副院长，今天就是他领衔接待我们。

孙勇对奈斯比特也不陌生，早年间就读过他的《大趋势》，并且说他在阿里的一个教师家里也看见过这本书，可见奈斯比特在中国的高知名度。但他说的《中国大趋势》已经在拉萨脱销，虽然让奈斯比特夫妇很受用，我却觉得不大可能。因为我们来拉萨前此书刚刚上市，到拉萨的可能性极小，连《中国日报》我们看到的都是一周之前的，更何况于书。

西藏社科院的重要地位不言而喻，但让我惊奇的是参加座谈的竟有两位藏族学者可用英语与奈斯比特夫妇直接交谈，并且十分的流利自然，完全不像事先准备好的。两位都是人类学博士，都有在国外学习的经历，他们自己没有介绍，我后来才知道他们都是美国著名人类学家戈斯坦的学生，一位叫达瓦次仁，一位叫班觉。我问孙勇：社科院能用英语直接演讲交流的有多少人？他说有十几位。看着他们毫无障碍地用英语讲着生态保护、气候问题时，我心生感慨：士别三日，当刮目相看啊，西藏社科院，已经今非昔比了。

孙勇书记的最后几句话引起了大家的共鸣：现代化是人类的选择，西藏也不例外，西藏的大趋势就是要融入世界，与世界共同进步。

达扎活佛诠释“3·14”

9月9日上午9：30，我们一行来到西藏佛教协会，与几位活佛座谈。民宗委副主任阿沛·晋源介绍了西藏的宗教信仰情况：藏族大部分信仰藏传佛教，还有伊斯兰教和天主教等，不同教派和睦相处，得益于党和政府的宗教政策的贯彻执行。

奈斯比特夫妇在《中国大趋势》中非常简略地提到哲蚌寺是2008年“3·14”事件的发源地，他们很想知道，为什么会引发“抗议”？特别是昨天刚刚参观了布达拉宫和大昭寺，其内的气氛甚是祥和，大昭寺门口的信众顶礼膜拜的场面，以及布达拉金顶上一群工人边打阿嘎边唱歌的情景，给他们留下了极其深刻的印象。这样欢乐自由的民众，怎么会做出那样令人发指之事呢？

几位活佛纷纷给出了自己的理由，其中达扎活佛本人就是哲蚌寺的活佛，他现身说法的诠释令奈斯比特夫妇信服。

达扎活佛说，因为这些年党的民族宗教政策得以贯彻，宗教热持续升温。西藏，特别是拉萨，是藏传佛教高僧大德聚集的地方，外地的僧人想学经，就希望到拉萨来，经过民宗委的同意，每年各寺会接受一些外地僧人来学习，一般会学三四年。但是学习之后，这些人就不想返回原籍了。主要是寺院的生活好，吃住不花钱，每年还有两三万的收入，所以他们希望入寺，但寺院承受不了。原来一般不接受外地僧人，后来改为要通过考试，而不是随便入寺。因为不能入寺，他们就闹事，加上社会上的闲散人员跟着一起闹。这么说吧，在西藏，在拉萨，不愿意好好学经的喇嘛，和不愿意好好种地的农民才出来闹事，凡是正式注册的喇嘛和有正当职业的，没有人参与“3·14”事件。

参观西藏大学

我和西藏大学的次央校长多年前就认识，但至少有 9 年没见过面了，一见，竟然看不出有什么变化，还是那么腼腼腆腆，那么温文尔雅。有人说女人不能欣赏女人，我始终不能同意，我就欣赏次央这样的女人味十足、又博学多才的女人。

西藏大学建立于 1985 年，是西藏唯一的一所综合性大学，从开始的一个校区、14 个专业、不到 1000 名学生，发展到现在的 4 个校区、14 个学院、64 个本科专业、11 个硕士点、近万名学生的大学，其中 70% 是西藏自治区的藏族学生，有 30% 来自区外。教职员工有 1000 多人，其中有很多年轻藏族教师是在国外攻读硕士、博士后回国任教，他们在太阳能应用、高原冰川、高原动植物方面的研究，为西藏的生态环境、自然保护作出了贡献。

奈斯比特夫妇问及在校生学习专业的比例，次央说还是语言文学的比例较大，在教学的同时还从事研究，藏大的藏学研究所、《格萨尔》研究室、艺术研究所等颇有作为。学校的藏学专家与信息科学专家联合研发的藏语言文字已经成为国家标准、国际标准。在藏文信息化方面，已取得 4 项具有国际领先水平的研究成果。藏文已经在手机及文曲星词典中使用。

看得出来，次央校长对自己的学校充满了感情，她信心满满地说，藏大在坚持办好具区域特色的专业的同时，还要广泛参与其他专业，并会不断派出教师到国内外一流大学进修学习，不断提高教学水平，在不远的将来要把藏大建成“西部先进，国际有影响的学校”。

在访问快要结束时，我悄悄教了奈斯比特一句藏语：“吐基切”(意为谢谢)，所以当他极其严肃认真并且大声说出这句话时，立即语惊四座，连他的夫人都把嘴巴张得大大的，然后是一阵笑声。我则在一旁笑得喘不上气来，直到现在我写下这段故事时，想到当时奈斯比特说这句话的神态，还会大笑不止。此后几天，他不断练习这句话，作为会见后的结束语。

会见官员

此次行程系西藏外宣办多方协调，并派西平处长全程陪同，日程安排得张弛有度，想看的全看到了，奈斯比特夫妇非常满意。其间，我们会见了各路诸侯，他们用自己的故事打动了奈斯比特夫妇。

最重要的一场会见安排在9月9日下午3：30，以自治区常委宣传部长崔玉英为首的十几位方方面面的负责人同时到场，可见区党委对奈斯比特夫妇的来访格外的重视。

因为人多，讲得也多，但让我们印象最深的还是崔部长，从她个人到她的讲话，都给我们留下了深刻的印象，如果有时间，我们还愿意听崔部长那讲不完的故事。

首先，崔部长用两个跨越描述了西藏的发展道路。一是社会制度的跨越，从一个政教合一的社会经过和平解放、民主改革跨越到社会主义社会；二是经济社会的跨越，西藏的经济总量1959年前只有1.74亿元，到2008年已增长到395亿元，增长了65倍。人口从122万增长到287万，人均寿命从35.5岁到现在的67岁。

其间，奈斯比特夫妇分别提问：达赖喇嘛说过去的西藏是天堂，现在是地狱，而且西方多数人都相信他的话，也持此看法。你们如何看待他的说法？

方方面面的官员对此嗤之以鼻：这简直就是黑白颠倒，一派胡言嘛。

崔部长娓娓道来：西方这种偏见产生的原因有二：一是没到过西藏，真的不了解西藏，受达赖的影响；二是出于意识形态的需要，就是要黑白颠倒。但凡来过西藏的，不论以前他的成见有多深，看到一个真实的西藏时，就会改变看法。

应奈斯比特夫妇用故事传递信息的要求，崔部长讲了西藏对中小学生上学实行“三包”的故事，即：包吃、包住、包学费，并且要县乡村干部挨家动员适龄儿童上学，所以，现在的入学率已达

98.5%，而1959年前还不到2%。还有医疗费用，农牧民一律免费医疗。过去的妇女生小孩只能到马棚、猪圈里去生，因为认为生育是一件肮脏的事，所以死亡率高。现在，产妇到医院生育已成为常事。

父子摄影家慧眼照西藏

因为想要听到更多的故事，正在援藏的我的同事、现任西藏外宣办副主任的刘萱，帮我们联系了一位歌唱家、一位作家和一位摄影家。他们的故事都可以独立成章。我在这里把父子摄影家的故事讲给大家。

所谓父子摄影家是指德木·丹增加措和德木·旺久多吉。父亲丹增加措是西藏著名的上层爱国人士，清朝册封的四大呼图克图之一，在藏传佛教界的地位很高，其前世第四世德木阿羌·格列坚赞曾随五世达赖喇嘛阿旺罗桑嘉措觐见过清朝顺治皇帝，六世德木阿旺·江白德勒加措在摄政期间，被清朝皇帝封为弘扬佛法摄政西藏的诺门罕。1951年，西藏和平解放时，丹增加措开仓资助进藏解放军，此后先后担任西藏军区编审委员会委员和中国佛教协会西藏分会常务理事等职。因为兴趣广泛，特别是巧遇尼泊尔摄影师，使得其摄影兴趣伴随终生，并因此留下了大量反映旧西藏的照片资料，为我们了解西藏的社会风情、传统文化及僧俗的生活，特别是贵族的生活，提供了直观的影像。

丹增加措的儿子旺久多吉出生于1949年，他从能够摄影开始，记录的就是一个新西藏，从中看到更多的是西藏日新月异的变化。

来与我们见面的是旺久多吉，还带来了他与父亲的摄影集《慧眼照西藏——父子摄影师眼中的西藏 1925—2005》。旺久多吉一边翻着这本画册，一边讲他和父亲及家人的故事。奈斯比特夫妇听得津津有味，不时问点有兴趣的问题。因为时间不够，他们只能眼巴巴地看着我，我读懂他们的意思，影集只有中文，他们希望看到英文。他们说，对这个故事有兴趣的绝不仅限于他们。我答应与作者和出版社协商，尽快把它译成英文。

由此我更加坚定了用故事说西藏的决心。我们过去出版了大量介绍西藏基本情况的图书和画册，但是通常都是见物不见人，更缺乏吸引人的故事，因此，外国人读不懂、不爱读就不足为奇了。

从西藏回来后，奈斯比特夫妇更加觉得要写一本关于西藏的书，向世界讲述一个真实的西藏故事，给我们留下又一个期待。

（国务院新闻办公室三局副局长　吴伟/文）

图书在版编目(CIP)数据

对话:中国模式/赵启正,(美)奈斯比特,(奥)奈斯比特著.——北京:新世界出版社,2010.4
ISBN 978-7-5104-0848-9

Ⅰ.①对… Ⅱ.①赵… ②奈… ③奈… Ⅲ.①社会主义建设模式-研究-中国 ②社会发展-研究-世界 Ⅳ.①D616 ②D569

中国版本图书馆 CIP 数据核字(2010)第 032606 号

对话:中国模式

出 品 人:杨雨前
策　　划:吴　伟　张海鸥
作　　者:(中)赵启正　(美)约翰·奈斯比特　(奥)多丽丝·奈斯比特
对话翻译:张洪斌　许靖国
责任编辑:钟振奋　李晨曦　熊文霞
装帧设计:贺玉婷
出版发行:新世界出版社
社址:北京市西城区百万庄路 24 号(100037)
总编室电话:(010)68995424　(010)68326679(传真)
发行部电话:(010)68995968　(010)68328705(传真)
本社中文网址:www nwp. cn
本社英文网址:www newworld-press. com
版权部电子信箱:frank@ nwp. com. cn
版权部电话:+86(10)6899 6306
印刷:北京画中画印刷有限公司
经销:新华书店
开本:787×1092　1/16
字数:100 千字　**印张**:16. 25
版次:2010 年 4 月第 1 版　2010 年 4 月第 1 次印刷
书号:ISBN 978-7-5104-0848-9
定价:29. 80 元